Eu, _____, dedico este livro a(o)_____.

Que o "Mestre dos Mestres" lhe ensine que nas falhas e lágrimas se esculpe a sabedoria.

Que o "Mestre da Sensibilidade" lhe ensine a contemplar as coisas simples e a navegar nas águas da emoção.

Que o "Mestre da Vida" lhe ensine a não ter medo de viver e a superar os momentos mais difíceis da sua história.

Que o "Mestre do Amor" lhe ensine que a vida é o maior espetáculo no teatro da existência.

Que o "Mestre Inesquecível" lhe ensine que os fracos julgam e desistem, enquanto os fortes compreendem e têm esperança.

Não somos perfeitos. Decepções, frustrações e perdas sempre acontecerão.

Mas Deus é o artesão do espírito e da alma humana. Não tenha medo.

Depois da mais longa noite surgirá o mais belo amanhecer. Espere-o.

Destaques do nosso catálogo

www.sextante.com.br

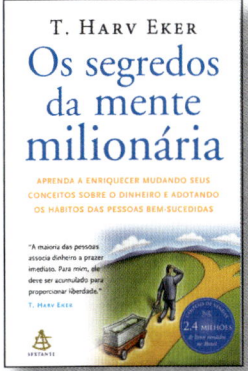

2,4 milhões de livros vendidos no Brasil

16 milhões de livros vendidos no mundo

400 mil livros vendidos no Brasil

400 mil livros vendidos no Brasil

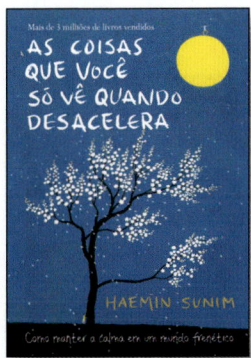

350 mil livros vendidos no Brasil

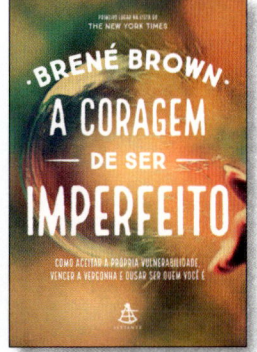

600 mil livros vendidos no Brasil

60 mil livros vendidos no Brasil

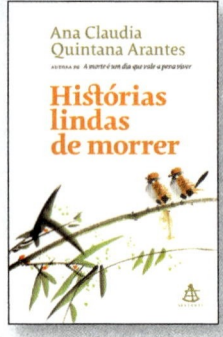
70 mil livros vendidos no Brasil

40 mil livros vendidos no Brasil

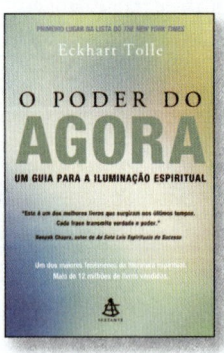
1,2 milhão de livros vendidos no Brasil

30 mil livros vendidos no Brasil

350 mil livros vendidos no Brasil

3 milhões de livros vendidos no Brasil

260 mil livros vendidos no Brasil

14 mil livros vendidos no Brasil

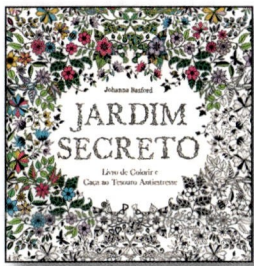
1,7 milhão de livros vendidos no Brasil

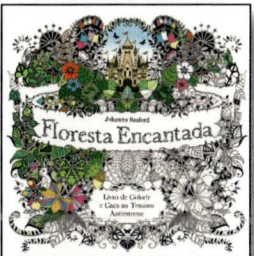
1,2 milhão de livros vendidos no Brasil

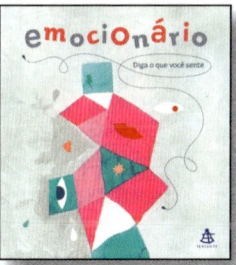
100 mil livros vendidos no Brasil

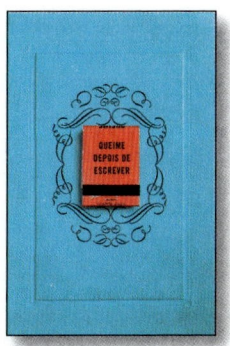
90 mil livros vendidos no Brasil

500 mil livros vendidos no mundo

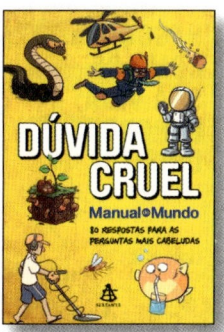
50 mil livros vendidos no Brasil

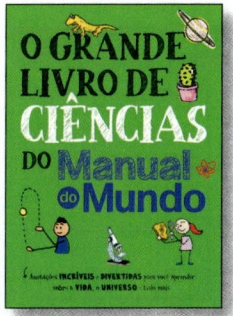
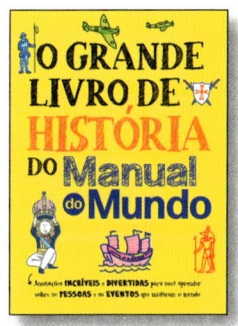
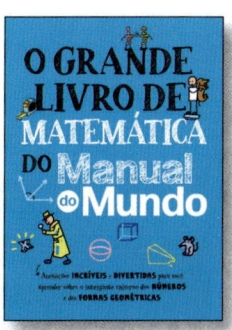

Coleção com mais de 8 milhões de livros vendidos no mundo

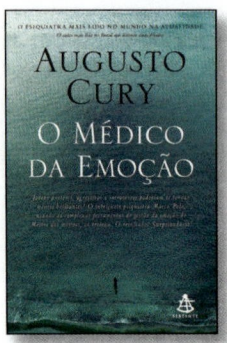
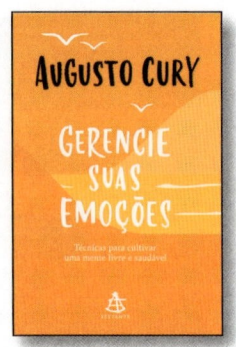
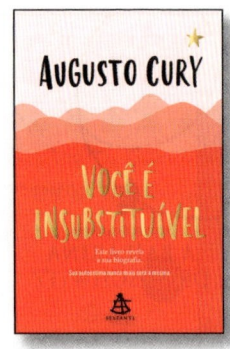

Os livros de Augusto Cury venderam mais de 20 milhões de exemplares

570 mil livros
vendidos no Brasil

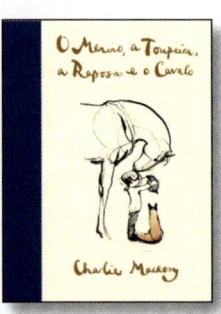

2 milhões de livros
vendidos no mundo

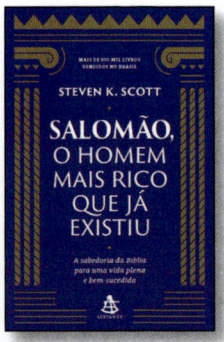

350 mil livros vendidos
no Brasil

1,2 milhão de livros
vendidos no mundo

1,2 milhão de livros
vendidos no mundo

200 mil livros
vendidos no Brasil

O MESTRE
DOS MESTRES

ANÁLISE DA INTELIGÊNCIA DE CRISTO - 1

AUGUSTO CURY

O MESTRE DOS MESTRES

JESUS, O MAIOR EDUCADOR DA HISTÓRIA

Copyright © 2006 por Augusto Jorge Cury
Todos os direitos reservados.

edição: Regina da Veiga Pereira
revisão: Jean Marcel Montassier, José Tedin Pinto,
Sérgio Bellinello Soares e Tereza da Rocha
projeto gráfico: DTPhoenix Editorial
diagramação: Gustavo Cardozo
capa: Filipa Pinto
imagem de capa: Pixabay
impressão e acabamento: Bartira Gráfica

CIP-BRASIL. CATALOGAÇÃO NA PUBLICAÇÃO
SINDICATO NACIONAL DOS EDITORES DE LIVROS, RJ

C988m Cury, Augusto, 1958-
O mestre dos mestres / Augusto Cury. Rio de Janeiro : Sextante, 2020.
192 p.; 14 x 21 cm. (Análise da inteligência de Cristo; 1)

ISBN 978-65-5564-052-6

1. Emoções. 2. Jesus Cristo - Personalidade e missão. 3. Jesus Cristo - Ensinamentos. 4. Psicologia e filosofia. I. Título. II. Série.

20-65445   CDD: 152.4
                                                CDU: 159.942

Todos os direitos reservados por
GMT Editores Ltda.
Rua Voluntários da Pátria, 45 – Gr. 1.404 – Botafogo
22270-000 – Rio de Janeiro – RJ
Tel.: (21) 2538-4100 – Fax: (21) 2286-9244
E-mail: atendimento@sextante.com.br
www.sextante.com.br

*Ele dividiu a história da humanidade.
Agora a psicologia analisa a sua
intrigante inteligência...*

Sumário

Prefácio 11

Capítulo 1
Características intrigantes da inteligência de Cristo 15

Capítulo 2
Jesus Cristo: um personagem real ou imaginário? 29

Capítulo 3
A timidez e a omissão da ciência em investigar a inteligência de Cristo 43

Capítulo 4
Se Cristo vivesse hoje, abalaria os fundamentos da psiquiatria e da psicologia 67

Capítulo 5
Cristo perturbaria o sistema político 74

Capítulo 6
O discurso de Cristo deixaria a medicina atual atônita
e tocaria na maior crise existencial do ser humano *82*

Capítulo 7
Um audacioso projeto: o público e o ambiente *101*

Capítulo 8
Despertando a sede de aprender e
desobstruindo a inteligência *107*

Capítulo 9
Investindo em sabedoria diante dos invernos da vida *118*

Capítulo 10
Um contador de histórias que sabia lidar com os
papéis da memória e estimular a arte de pensar *129*

Capítulo 11
Superando a solidão: fazendo amigos *142*

Capítulo 12
Preservando a unidade e ensinando a arte de amar *156*

Capítulo 13
Introduzindo as funções mais importantes da inteligência *176*

Prefácio

Nada é tão fascinante como penetrar no mundo intangível da mente ou da psique. Dentro de cada ser humano há um mapa a ser percorrido com sutilezas, momentos de alegria, períodos de sofrimento, golpes de ousadia, tempos de recuos, pensamentos que transmitem tranquilidade, ideias que causam perturbação.

Ao longo de mais de vinte anos venho desenvolvendo uma nova teoria psicológica e também filosófica, chamada inteligência multifocal, que estuda pelo menos cinco grandes áreas do funcionamento da mente:

1. O processo de construção de pensamentos
2. O processo de organização da consciência existencial e da estruturação do eu
3. Os papéis conscientes e inconscientes da memória e a formação da história intrapsíquica
4. O processo de transformação da emoção
5. O processo de interpretação e de formação de pensadores

Após desenvolver os pressupostos básicos dessa teoria, envolvi-me em uma das mais desafiadoras pesquisas psicológicas: descobrir por que algumas pessoas romperam o cárcere do tédio, incendiaram a arte de pensar e expandiram a própria inteligência. Depois de estudar o perfil psicológico de alguns pensadores como Nietzsche, Freud e Einstein, resolvi investigar a inteligência daquele que dividiu a história: Jesus Cristo. Na introdução deste livro relato alguns dos enormes desafios e algumas das gritantes limitações que enfrentei nessa jornada.

Em razão da minha origem multirracial (ítalo-judia, espanhola e árabe), por ser um psiquiatra, um pesquisador da mente humana, e por ter sido um dos mais ardentes ateus que já pisaram nesta terra, estudar os enigmas da mente de Jesus Cristo foi e ainda é para mim um projeto espetacular.

Muitas perguntas de caráter científico e não teológico povoaram meus pensamentos durante os anos de análise: Cristo foi real ou fruto da imaginação de alguns galileus? Se não tivesse realizado nenhum ato sobrenatural, teria dividido a história? Como abria as janelas da mente dos seus discípulos e os estimulava a desenvolver as funções mais importantes da inteligência? Como gerenciava seus pensamentos e suas reações emocionais nas situações estressantes? Alguém proferiu na história pensamentos semelhantes aos dele? Quais as dimensões e implicações psicológicas e filosóficas das suas ideias? O que a ciência e as sociedades perderam por não terem estudado a sua personalidade?

Responder a essas perguntas, ainda que parcialmente, é fundamental para a humanidade. Jesus foi o personagem mais complexo e enigmático que transitou neste misterioso teatro existencial.

Seu comportamento, suas palavras, sua capacidade de se proteger nos focos de tensão, a habilidade de libertar seu imaginário e a fineza da sua arte de pensar aplicada a situações em que por certo reagiríamos agressiva ou timidamente deixam perplexo qualquer profissional ou cientista que se disponha a estudá-lo em profundidade – psiquiatras, psicólogos, cientistas da educação, sociólogos. É o que pretendo demonstrar.

Estudar a mente de Jesus Cristo é incomparavelmente mais complexo do que estudar a mente de qualquer pensador da psicologia e da filosofia. O resultado desses anos de estudo é uma coleção de cinco livros que escrevi para tentar explicar as várias facetas de Cristo. Ainda pretendo escrever o sexto livro procurando dissecar seus pensamentos e os enigmas contidos nas parábolas, no sermão da montanha e em outras passagens.

Este é o primeiro livro da coleção. Nele veremos que Jesus foi o Mestre dos Mestres, o maior educador da história. Ele conseguia atingir com delicadeza, sabedoria e perspicácia as regiões mais profundas do inconsciente de seus complicados discípulos. Fico perturbado ao constatar que ele aproveitava momentos incomuns para dar solenes ensinamentos.

Que homem era esse que atuava como artesão da emoção e escultor da inteligência quando o mundo desabava sobre ele? Transformou homens que cheiravam a peixe em homens que exalavam o melhor perfume da inteligência. Fez em pouco tempo o que raramente as universidades conseguiram em séculos de existência.

O leitor precisa saber que nesta coleção não vou defender nenhuma religião nem fazer um estudo teológico. O que quero é mostrar que a ciência cometeu um erro dramático ao não estudar a intrigante, misteriosa e fascinante personalidade de Jesus Cristo. O mundo ocidental se diz cristão, mas conhece pouquíssimo os meandros da sua psique. Se o Ocidente tivesse conhecido a mente de Cristo, não teria sido palco de guerras, discriminação, escravidão e violências sem fim.

Se nas salas de aula (nos currículos acadêmicos) e nos lares se examinassem em profundidade as funções mais importantes da inteligência que Jesus trabalhou amplamente na personalidade dos seus discípulos, a humanidade teria sido outra. Teríamos formado uma casta de pensadores apaixonados pela vida que jamais discriminariam seres humanos, membros da mesma espécie, seja pela cor da pele, raça, cultura, religião, seja pelo status social. Essa omissão foi uma grande perda.

Milhares de leitores, em dezenas de países onde meus livros têm sido publicados, enviam-me mensagens dizendo-se maravilhados não com o autor, mas com o personagem que descrevo. Nunca imaginaram que Cristo fosse tão inteligente e que estimulasse tanto a formação de mentes saudáveis e espíritos livres.

Muitas escolas de ensino médio e universidades têm recomendado aos professores a leitura e a adoção desses livros em diversas disciplinas, com o objetivo de expandir nos alunos a arte de pensar. Psicólogos os têm utilizado e indicado sua leitura a seus pacientes para ajudá-los a prevenir a depressão, a ansiedade e o estresse. Empresários costumam presentear seus melhores amigos e clientes com esses exemplares.

Além disso, apesar de os livros da coleção tratarem de psicologia e filosofia, e não de religião, pessoas das mais diversas crenças, inclusive não cristãs, os têm lido e utilizado sistematicamente.

Devo confessar que investigar Jesus Cristo fez implodir meu orgulho, revelar minha pequenez, dissecar minhas mazelas psíquicas. Veremos que analisar sua inteligência nos permite dispor de excelentes ferramentas para nos educar e educar quem amamos, pois os pensamentos de Jesus oxigenam nossas mentes, expandem o prazer de viver e estimulam a sabedoria.

Embora este livro seja um estudo de filosofia e psicologia, o leitor encontrará, também, referências a trechos do Antigo e do Novo Testamento, com indicação do autor, do capítulo e versículo em que se encontram. Sugiro que, independentemente de sua crença, você tenha uma Bíblia ao alcance da mão. A leitura desses textos, no quadro mais amplo em que se apresentam, promoverá um conhecimento maior dessa figura única e fascinante que com suas palavras, gestos e atitudes revolucionou o mundo e o espírito humano.

Augusto Jorge Cury

CAPÍTULO I

Características intrigantes da inteligência de Cristo

Brilhando na arte de pensar

A arte de pensar é a manifestação mais sublime da inteligência. Todos pensamos, mas nem todos desenvolvemos qualitativamente a arte de pensar. Por isso, frequentemente não expandimos as funções mais importantes da inteligência, tais como aprender a se interiorizar, a usar as dores para crescer em sabedoria, a trabalhar as perdas e frustrações com dignidade, a agregar ideias, a pensar com liberdade e consciência crítica, a romper as ditaduras intelectuais, a gerenciar com maturidade os pensamentos e emoções nos focos de tensão, a expandir a arte da contemplação do belo, a se doar sem a contrapartida do retorno, a se colocar no lugar do outro e considerar suas dores e necessidades psicossociais.

Muitos homens, ao longo da história, brilharam em suas inteligências e desenvolveram algumas áreas importantes do pensamento. Sócrates foi um questionador do mundo. Platão foi um investigador das relações sociopolíticas. Hipócrates foi o pai da medicina. Confúcio foi um filósofo da brandura. Sáquia--Múni, o fundador do budismo, foi um pensador da busca interior. Moisés foi o grande mediador do processo de liberdade do povo de Israel, conduzindo-o até a terra de Canaã. Maomé, em sua peregrinação profética, foi o unificador do povo árabe, um povo que estava dividido e sem identidade. Há muitos outros homens que brilharam na inteligência, como Tomás de Aquino, Agostinho, Hume, Bacon, Spinoza, Kant, Descartes, Galileu, Voltaire, Rousseau, Shakespeare, Hegel, Marx, Newton, Maxwell, Gandhi, Freud, Habermas, Heidegger, Kurt Lewin, Einstein, Viktor Frankl, etc.

A temporalidade da vida humana é muito curta. Em poucos anos encerramos o espetáculo da existência. Infelizmente, poucos investem em sabedoria nesse breve espetáculo, por isso não se interiorizam, não se repensam. Se enumerarmos os seres humanos que brilharam em suas inteligências e investiram em sabedoria e compararmos esse número ao contingente de nossa espécie, ele se torna muito pequeno.

Independentemente de qualquer julgamento que possamos fazer, o fato é que esses seres humanos expandiram o mundo das ideias no campo científico, cultural, filosófico e espiritual. Alguns não se preocuparam com a notoriedade social, preferiram o anonimato, não se importando de divulgar suas ideias e escrever seus nomes nos anais da história. Porém, suas ideias não puderam ser sepultadas. Elas germinaram nas mentes e enriqueceram a história da humanidade. Estudar a inteligência desses homens pode nos ajudar muito a expandir nossa própria inteligência.

Houve um homem que viveu há muitos séculos e que não apenas brilhou em sua inteligência, mas era dono de uma personalidade intrigante, misteriosa e fascinante. Ele conquistou uma fama indescritível. O mundo comemora seu nascimento. Todavia, apesar de sua enorme fama, algumas áreas fundamentais da sua inteligência são pouco conhecidas. Ele destilava sabedoria diante das suas dores e era íntimo da arte de pensar. Esse homem foi Jesus Cristo.

A história de Cristo teve particularidades em toda a sua trajetória: do nascimento à morte. Ele abalou os alicerces da história humana através de sua própria história. Seu viver e seus pensamentos atravessaram gerações, varreram os séculos, embora ele nunca tenha procurado status social ou político.

Ele cresceu sem se submeter à cultura clássica do seu tempo. Quando abriu a boca, produziu pensamentos de inconfundível complexidade. Tinha pouco mais de trinta anos, mas perturbou profundamente a inteligência dos homens mais cultos de sua época. Os escribas e fariseus – que possuíam uma cultura milenar rica, eram intérpretes e mestres da lei – ficaram chocados com seus pensamentos.

Sua vida sempre foi árida, sem nenhum privilégio econômico ou social. Conheceu intimamente as dores da existência. Contudo, em vez de se preocupar com as suas próprias dores e querer que o mundo gravitasse em torno das suas necessidades, ele se preocupava com as dores e necessidades alheias.

O sistema político e religioso não foi tolerante com ele, mas ele foi tolerante e dócil com todos, mesmo com seus mais ardentes opositores. Cristo vivenciou sofrimentos e perseguições desde a sua infância. Foi incompreendido, rejeitado, zombaram dele, cuspiram em seu rosto. Foi ferido física e psicologicamente. Porém, apesar de tantas misérias e sofrimentos, não desenvolveu uma emoção agressiva e ansiosa; pelo contrário, exalava tranquilidade diante das mais tensas situações e ainda tinha fôlego para discursar sobre o amor no seu mais poético sentido.

Muitos autores, ao longo dos séculos, abordaram Cristo em diferentes aspectos espirituais: sua divindade, seu propósito transcendental, seus atos sobrenaturais, seu reino celestial, sua ressurreição, a escatologia (doutrina das últimas coisas), etc. Quem quiser estudar esses aspectos terá de procurar os textos desses autores, pois a análise da inteligência de Cristo o investiga de outra perspectiva, de outro ângulo.

Este livro faz uma investigação talvez jamais realizada pela ciência da interpretação ou pela psicologia. Investiga a singular personalidade de Jesus Cristo. Analisa o funcionamento da sua surpreendente inteligência. Estuda sua arte de pensar, os meandros da construção de seus pensamentos nos seus focos de tensão.

A inteligência é composta de muitos elementos. Em síntese, ela se constitui da construção de pensamentos, da transformação da energia emocional, do processo de formação da consciência existencial (quem sou, como estou, onde estou), da história inconsciente arquivada na memória, da carga genética. Aqui definirei a personalidade como a manifestação da inteligência diante dos estímulos do mundo psíquico, bem como dos ambientes e das circunstâncias em que uma pessoa vive. Todo ser humano possui uma inteligência, mas nem todos desenvolvem suas funções mais importantes.

Durante as quase duas décadas em que tenho pesquisado o funcionamento da mente, a construção da inteligência e o processo de interpretação, posso afirmar com segurança que Jesus possuía uma personalidade bastante complexa, muito difícil de ser investigada, interpretada e compreendida. Este é um dos fatores que inibiram a ciência de procurar investigar e compreender, ainda que minimamente, a sua inteligência.

Analisar a inteligência de Jesus Cristo é um dos maiores desafios da ciência. Após ter desenvolvido os alicerces básicos de uma nova teoria sobre o funcionamento da mente, comecei a me envolver nesse enorme e estimulante projeto que é investigar a personalidade de Jesus. Foram anos de estudo, em que procurei, dentro das minhas limitações, fugir das respostas aleatórias e das explicações científicas superficiais.

Interpretar a história é uma tarefa intelectual das mais complexas. Significa reconstruí-la e não resgatá-la de maneira pura. Reconstruir os fatos, ambientes e circunstâncias do passado é um grande desafio. Se o leitor tentar resgatar as suas experiências mais marcantes, verificará que isso frequentemente reduz a dimensão das dores e dos prazeres vividos no passado. Estudaremos este assunto. Todo resgate do passado está sujeito a limitações e imperfeições. Este livro, que é um exercício de interpretação psicológica da história, não foge à regra.

Se interpretar a história é uma tarefa intelectual complexa e sinuosa, imagine como deve ser difícil investigar a inteligência de Cristo, os níveis de sua coerência intelectual, sua capacidade de gerenciar a construção de pensamentos, de transcender as ditaduras da inteligência, de superar as dores físicas e emocionais e de abrir as janelas da mente das pessoas que o cercavam.

Jesus possuía uma personalidade difícil de ser estudada. Suas reações intelectuais e emocionais eram tão surpreendentes e incomuns que ultrapassam os limites da previsibilidade psicológica. Apesar das dificuldades, é possível viajarmos por algumas avenidas fundamentais do seu pensamento e compreendermos algumas áreas importantes da sua inteligência.

Um enigma para a ciência em diversas áreas

Quem foi Jesus Cristo? Este livro, que pretende realizar uma análise psicológica da sua inteligência, não pode responder plenamente a essa pergunta, pois ela entra na esfera da fé, uma esfera que ultrapassa os limites da investigação científica, que transcende a ciência da interpretação. A ciência se cala quando a fé se inicia. A fé transcende a lógica, é uma convicção em que há ausência de dúvida. A ciência sobrevive da dúvida. Quanto maior for a dúvida, maior poderá ser a dimensão da resposta. Sem a arte da dúvida, a ciência não tem como sobreviver e expandir a sua produção de conhecimento.

Jesus discorria sobre a fé. Falava da necessidade de crer sem duvidar, de uma crença plena, completa, sem insegurança. Falava da fé como um misterioso processo de interiorização, como uma trajetória de vida clandestina. Discorria sobre a fé como um viver que transcende o mundo material, extrapola o sistema sensorial e cria raízes no âmago do espírito humano.

A ciência não tem como investigar o que é essa fé, pois, como suas raízes se encontram no cerne da experiência pessoal, ela não se torna um objeto de estudo investigável. Todavia, apesar de Jesus Cristo falar da fé como um processo de existência transcendental, ele não anulava a arte de pensar; pelo contrário, era um mestre excepcional nessa arte. Ele não discorria sobre uma fé sem inteligência.

Para ele, primeiro deveria se exercer a capacidade de pensar e refletir antes de crer, depois vinha o crer sem duvidar. Se estudarmos os quatro evangelhos e investigarmos a maneira como Jesus reagia e expressava seus pensamentos, constataremos que pensar com liberdade e consciência era uma obra-prima para ele.

Um dos maiores problemas enfrentados por Cristo era o cárcere intelectual em que as pessoas viviam, ou seja, a rigidez intelectual com que elas pensavam e compreendiam a si mesmas e o mundo que as envolvia. Por isso, apesar de falar da fé como ausência da dúvida, ele também era um mestre sofisticado na arte da dúvida. Ele a usava para abrir as janelas da inteligência das pessoas que o circundavam (*Lucas 5:23; 6:9; 7:42*).

Como Jesus usava a arte da dúvida? Se observarmos os textos dos quatro evangelhos, veremos que ele era um excelente indagador, um ousado questionador. Usava a arte da pergunta para conduzir as pessoas a se interiorizarem e a se questionarem. Também era um exímio contador de parábolas que perturbava os pensamentos de todos os seus ouvintes.

Quem é Jesus Cristo? Ele é o filho de Deus? Ele tem natureza divina? Ele é o autor da existência? Como ele se antecipava ao tempo e previa fatos ainda não acontecidos, tais como a traição de Judas e a negação de Pedro? Como realizava os atos sobrenaturais que deixavam as pessoas extasiadas? Como multiplicou alguns pães e peixes e saciou a fome de milhares de pessoas? Ele multiplicou a matéria, as moléculas, ou usou qualquer outro fenômeno? A ciência não pode dar essas respostas sobre Cristo nem outras tantas, pois essas perguntas entram na esfera da fé. Como disse, quando começa a fé, que é íntima e pessoal de cada ser humano e que, portanto, deve ser respeitada, a ciência se cala. Jesus continuará sendo, em muitas áreas, um grande enigma para a ciência.

Não é possível comentar a sua inteligência em alguns capítulos. Sua arte de pensar é sofisticada demais para ser tratada em apenas um livro. Outras obras serão necessárias para abordá-la.

Ao investigarmos a sua inteligência, talvez possamos responder a algumas destas importantes perguntas: Cristo sempre expressava com elegância e coerência a sua inteligência nas várias situações tensas e angustiantes que vivia? Teria ele dividido a história da humanidade se não tivesse realizado nenhum ato sobrenatural? Por que suas palavras permanecem vivas até hoje, mexendo com centenas de milhões de pessoas de todas as línguas e de todos os níveis sociais, econômicos e culturais? Por que homens que nunca o viram ou nunca o tocaram – entre eles pensadores, filósofos e cientistas – disseram espantosamente, ao longo da história, que não apenas creram nele, mas também o amaram?

Realizaremos neste livro uma viagem intelectual interessante ao investigarmos a vida de Cristo. Ao contrário do que se possa pensar, ele gostava de ser estudado. Ele apreciava ser analisado e indagado com inteligência. Criticava as pessoas que o investigavam superficialmente. Em uma oportunidade, chegou até mesmo a convocar escribas e fariseus a estudarem mais profundamente a identidade e a origem de "Jesus Cristo" (*Marcos 12:35-37*).

*As características ímpares da personalidade
daquele que dividiu a história da humanidade*

Nossa análise da inteligência de Cristo não obedecerá à ordem cronológica de sua vida, mas estudará as características da sua inteligência em situações específicas e em épocas distintas da sua história.

Este livro não defende uma religião. Sua meta é fazer uma investigação psicológica da personalidade de Cristo. Porém, os sofisticados princípios intelectuais da inteligência dele poderão contribuir para abrir as janelas da inteligência das pessoas de qualquer religião, mesmo as não cristãs. Tais princípios são tão complexos que diante deles até os ateus mais céticos poderão enriquecer sua capacidade de pensar.

É difícil encontrar alguém capaz de nos surpreender com as características da sua personalidade, capaz de nos convidar a nos interiorizar e repensar nossa história. Alguém que diante dos seus focos de tensão, contrariedades e dores emocionais tenha atitudes sofisticadas e consiga produzir pensamentos e emoções que fujam do padrão trivial. Alguém tão interessante que possua o dom de perturbar nossos conceitos e paradigmas existenciais.

Com o decorrer dos anos, à medida que atuei como psiquiatra, psicoterapeuta e pesquisador da inteligência, e investiguei diversos tipos de personalidades, compreendi que o ser humano, apesar da complexidade da sua mente, é frequentemente muito previsível. O Mestre dos Mestres fugia a essa regra. Possuía uma inteligência instigante capaz de provocar a inteligência de todos os que passavam por ele.

Ele tinha plena consciência do que fazia. Suas metas e prioridades eram bem estabelecidas (*Lucas 18:31; João 14:31*). Era seguro e determinado, ao mesmo tempo flexível, extremamente atencioso e educado. Tinha grande paciência para educar, mas não era um mestre passivo, e sim provocador. Despertava a sede de conhecimento nos seus íntimos (*João 1:37-51*). Informava pouco, porém educava muito. Era econômico no falar, dizendo muito com poucas palavras. Era ousadíssimo em expressar seus pensamentos, embora vivesse numa época em que imperava o autoritarismo.

Sua coragem para expressar os pensamentos trazia-lhe frequentes perseguições e sofrimentos. Todavia, quando queria falar, ainda que suas palavras lhe trouxessem grandes transtornos, não se intimidava. Mesclava a singeleza com a eloquência, a humildade com a coragem intelectual, a amabilidade com a perspicácia.

Cristo nasceu num país cuja identidade e sobrevivência estavam profundamente ameaçadas pelo autoritarismo e pela vaidade do Império Romano. O ambiente sociopolítico era angustiante. Sobreviver era uma tarefa difícil. A fome e a miséria constituíam o cotidiano das pessoas. O direito personalíssimo, ligado à liberdade de expressar o pensamento, era profundamente restringido pela cúpula judaica e amaldiçoado pelo Império Romano. A comunicação e o acesso às informações eram limitados.

Os judeus esperavam um grande líder, o Cristo ("ungido"), alguém capaz de reinar sobre eles, de resgatar-lhes a identidade e de libertá-los do jugo do Império Romano. Os membros da cúpula judaica viviam sob tensão política, com sua sobrevivência sob ameaça e seus direitos aviltados. Porém, por causa de sua rigidez intelectual, não investigaram e, portanto, não reconheceram o Cristo humilde, tolerante, dócil e inteligente que não desejava status social nem poder político.

Esperavam alguém que os libertasse do jugo romano, mas veio alguém que queria libertar o ser humano das suas misérias psíquicas. Esperavam alguém que fizesse uma revolução exterior, mas veio alguém que propôs uma revolução interior. Esperavam um poderoso político, mas veio alguém que nasceu numa manjedoura, cresceu numa cidade desprezível, Nazaré, e se tornou um carpinteiro, vivendo no anonimato até os trinta anos.

Cristo não frequentou os bancos escolares nem se formou aos pés dos intelectuais da época, escribas e fariseus, mas frequentou a escola da existência, a escola da vida. Nessa escola, conheceu profundamente o pensamento, as limitações e as crises da existência humana. No anonimato, padeceu de angústias, dores físicas, opressões sociais, dificuldades de sobrevivência, frio, fome, rejeição social.

Na escola da existência, a maioria das pessoas não investe em sabedoria e a velhice não é sinal de maturidade. Nela, os títulos acadêmicos, o status social e a condição financeira não refletem a riqueza interior nem significam sucesso na liberdade de pensar, na arte da contemplação do belo, no prazer de viver. A escola da existência é abrangente, pois envolve toda a nossa trajetória de vida, incluindo até mesmo a instituição educacional.

A escola da existência é tão complexa que nela se pode ler uma infinidade de livros de autoajuda e continuar, ainda assim, a ser inseguro e ter dificuldade de lidar com as contrariedades. Nela, o maior sucesso não está fora das pessoas, mas em conquistar terreno dentro de si mesmas; a maior jornada não é exterior, e sim interna, percorrendo as trajetórias do próprio ser. Nessa escola, os melhores alunos não são aqueles que se gabam dos seus sucessos, mas os que reconhecem seus conflitos e limitações.

Todos nós passamos por determinadas angústias e ansiedades, pois algumas das mazelas da vida são imprevisíveis e inevitáveis. Na escola da existência aprende-se que se adquire experiência não só com os acertos e as conquistas, mas, muitas vezes, com as derrotas, as perdas e o caos emocional e social. Foi nessa escola tão sinuosa que Jesus se tornou o Mestre dos Mestres.

Ele foi mestre numa escola em que muitos intelectuais, cientistas, psiquiatras e psicólogos são pequenos aprendizes. Muitos psiquiatras e psicoterapeutas possuem elegância intelectual enquanto estão dentro dos seus consultórios. São lúcidos e coerentes quando estão envolvidos na relação terapêutica com seus pacientes. Porém, a vida real pulsa fora dos consultórios de psiquiatria e psicoterapia. Assim, quando estão diante dos seus próprios estímulos estressantes – ou seja, das suas frustrações, perdas e dores emocionais – apresentam dificuldade para manter a lucidez e a coerência.

Do mesmo modo, muitas pessoas que frequentam uma reunião empresarial, científica ou religiosa apresentam um comportamento sereno e lúcido enquanto estão reunidas. Todavia, quando se encontram diante dos territórios turbulentos da vida, não sabem se reciclar, ser tolerantes, trabalhar suas contrariedades com dignidade.

A melhor maneira de conhecer a inteligência de uma pessoa é observá-la, não nos ambientes isentos de estímulos estressantes, mas nos territórios em que eles estão presentes.

Quem usa continuamente as angústias existenciais, as ansiedades, os estresses sociais, os desafios profissionais para enriquecer a arte de pensar e amadurecer a personalidade? Viver com dignidade e maturidade a vida que pulsa no palco de nossas existências é uma arte que todos temos dificuldade de aprender.

Pela elegância com que manifestava seus pensamentos, Cristo provavelmente usava cada angústia, cada perda, cada contrariedade como uma oportunidade para enriquecer sua compreensão da natureza humana. Era tão sofisticado na construção dos pensamentos que fazia até mesmo das suas misérias poesia. Dizia poeticamente que *"as raposas têm seus covis, as aves do céu têm seus ninhos, mas o filho do homem (ele) não tinha onde reclinar a cabeça"* (*Mateus 8:20*). Como pode alguém falar elegantemente da própria miséria? Jesus era um poeta da existência. Suas biografias revelam que ele reconhecia e reciclava suas dores continuamente. Assim, em vez de ser destruído por elas, ele as usava como alicerce da sua inteligência.

O carpinteiro de Nazaré viveu no anonimato a maior parte de sua existência, porém, quando se manifestou, revolucionou o pensamento e o viver humanos. Seu projeto era audacioso. Ele afirmava que primeiro o interior – ou seja, o mundo dos pensamentos e das emoções – devia ser transformado; caso contrário, a mudança exterior não teria estabilidade, não passaria de mera maquiagem social (*Marcos 7:17-23; João 8:36*). Para Cristo, a mudança exterior era uma consequência da transformação interior.

Apesar de a inteligência de Cristo ser excepcional, ele reunia todas as condições para confundir o pensamento humano. Nasceu numa pequena cidade. Seu parto foi entre os animais, sem qualquer espetáculo social, estética ou glamour.

Com menos de dois anos, mal tinha iniciado sua vida, já estava condenado à morte por Herodes. Seus pais, apesar da riqueza interior, não tinham qualquer expressão social. A cidade em que cresceu era desprezada. Sua profissão era humilde. Seu corpo foi castigado pelas dificuldades de sobrevivência, e por isso alguns o consideravam envelhecido para a sua idade (*João 8:57*).

Não buscava ser o centro das atenções. Quando a fama batia-lhe à porta, procurava se interiorizar e fugir do assédio social. Não se autopromovia nem se autoelogiava. Não falava sobre sua identidade claramente, nem mesmo para seus discípulos mais íntimos, mas deixava que eles usassem a capacidade de pensar e a descobrissem por si mesmos (*Mateus 16:13-17*). Falava frequentemente na terceira pessoa, referindo-se ao seu Pai. Só falava na primeira pessoa em ocasiões especiais, nas quais sua ousadia era impressionante, deixando todos perplexos com suas palavras (*João 6:13-52; 8:12-13; 8:58-59*).

Jesus gostava de conviver com os desprovidos de valor social. Era o exemplo vivo de uma pessoa avessa a todo tipo de discriminação. Ninguém, por mais imoral e por mais defeitos que tivesse, era indigno de se relacionar com ele. Cristo se doava sem esperar nada em troca.

Diferentemente dos escribas e fariseus, dava mais importância à história das pessoas do que ao "pecado" como ato moral. Entrava no mundo delas, percorria a trajetória de suas vidas. Gostava de ouvi-las. A arte de ouvir era uma joia intelectual para ele.

Cristo não tinha formação psicoterapêutica, mas era um mestre da interpretação, pois conseguia captar os sentimentos íntimos das pessoas. Percebia seus conflitos mais ocultos e atuava neles com inteligência e eficiência. Era comum ele se antecipar e dar respostas a perguntas que ainda não tinham sido formuladas ou que as pessoas não tinham coragem de expressar (*Lucas 7:39-40; 11:17*).

Reagia com educação até quando o ofendiam profundamente. Era amável mesmo quando corrigia e repreendia alguém (*João 8:48-51; 53-54*). Não expunha em público os erros das pessoas, mas ajudava-as com discrição, considerando-as acima dos seus erros, conduzindo-as a se repensarem.

Embora fosse eloquente, expunha e não impunha suas ideias. Não persuadia nem procurava convencer as pessoas a crerem nas suas palavras. Não as pressionava para que o seguissem, apenas as convidava (*João 6:35*). A responsabilidade de crer nele era exclusivamente delas. Suas parábolas não produziam respostas prontas, mas estimulavam a arte da dúvida e a produção de pensamentos.

Jesus não respondia às perguntas quando pressionado, sendo fiel à sua própria consciência. Embora fosse muito amável, não bajulava ninguém. Não empregava meios escusos para conseguir determinados fins. Por isso, era mais fácil as pessoas ficarem perplexas diante dos seus pensamentos e reações do que compreendê-los. Ele foi, de fato, um grande teste para a cúpula de Israel. Cristo foi e continua sendo um grande enigma para a ciência e para os intelectuais de todas as gerações. Hoje, provavelmente, não poucas pessoas que afirmam segui-lo ficariam perturbadas por seus pensamentos se vivessem naquela época.

Cristo confundia a mente das pessoas que passavam por ele e, ao mesmo tempo, causava nelas – até nos seus opositores –

profunda admiração. Maria, sua mãe, impressionava-se com o comportamento do filho e com seu discurso desde a infância. Quando ele falava, ela guardava em silêncio suas palavras (*Lucas 2:45-51*). Tinha apenas 12 anos de idade, e os doutores da lei, admirados, sentavam ao seu redor para ouvir sua sabedoria (*Lucas 2:39-44*). Seus discípulos ficavam continuamente atônitos com sua inteligência, enquanto seus opositores emudeciam diante do seu conhecimento e faziam "plantão" para ouvir suas palavras (*Mateus 22:22*). Até Pilatos parecia um menino perturbado diante dele (*Mateus 27:13-14*). Com a arrogância e o autoritarismo que lhe eram conferidos pelo poderoso Império Romano, Pilatos não podia suportar o silêncio de Cristo em seu interrogatório. A singeleza e a serenidade dele, mesmo diante do risco de morrer, chocavam a mente de Pilatos. A esposa do imperador, que não participava do julgamento de Cristo mas sabia o que estava acontecendo, ficou inquieta, sonhou com ele e teve seu sono perturbado (*Mateus 27:19*).

As pessoas discutiam continuamente a respeito de quem era aquele misterioso homem que parecia ter uma origem tão simples. Graças à sua intrigante e instigante inteligência, Cristo provavelmente foi o maior causador de insônia em sua época.

CAPÍTULO 2

Jesus Cristo: um personagem real ou imaginário?

As quatro biografias de Jesus

Jesus tem quatro biografias que são chamadas de evangelhos: o de Mateus, o de Marcos, o de Lucas e o de João. Marcos e Lucas não pertenciam ao grupo dos 12 discípulos. Eles escreveram baseados num processo de investigação de pessoas que conviveram intimamente com Cristo. Essas biografias não são biografias no sentido clássico, como as que conhecemos hoje. Porém, como os evangelhos retratam a história de Jesus, podemos dizer que representam a sua biografia.

Todo cientista é um indagador inveterado, um aventureiro nas trajetórias do desconhecido e um questionador de tudo que vê e ouve. Investigar com critério aquilo que se vê e se ouve é respeitar a si mesmo e a sua própria inteligência. Se alguém não respeita a própria inteligência, não pode respeitar aquilo em que acredita. Não deveríamos aceitar nada sem antes realizar uma análise crítica dos fenômenos que observamos.

Durante muitos anos procurei estudar as biografias de Cristo. Por diversas vezes me perguntei se ele realmente tinha existido.

Questionava se ele não teria sido uma invenção literária, fruto da imaginação humana. Esta é uma questão fundamental, e não devemos ter medo de investigá-la. Antes de estudarmos este ponto, deixem-me falar-lhes um pouco sobre o ateísmo.

Aqueles que se dizem ateus têm como assuntos preferidos Deus ou a negação de Sua existência. Todo ser humano – não importa quem seja, ateu ou não – gosta de incluir Deus na pauta das suas mais importantes ideias. A maioria dos ateus realmente não acredita em Deus? Não. A maioria dos ateus fundamenta seu ateísmo não em um corpo de ideias profundas sobre a existência ou não de Deus, mas como resultado da indignação contra as injustiças, incoerências e discriminações sociopolíticas cometidas pela religiosidade reinante em determinada época.

Quando todos pensavam que Voltaire, o afiado pensador do Iluminismo francês, era ateu, ele proclamava no final de sua vida: "Morro adorando a Deus, amando os meus amigos, não detestando meus inimigos, mas detestando a superstição."* A maioria dos ateus pratica um ateísmo social, um "socioateísmo" alicerçado na antirreligiosidade, e não numa produção de conhecimento inteligente, descontaminada de distorções intelectuais, de paixões e tendenciosidades psicossociais sobre a existência ou não de Deus.

Provavelmente fui mais ateu do que muitos daqueles que se consideravam grandes ateus, como Karl Marx, Friedrich Nietzsche e Jean-Paul Sartre. Por isso, como já disse, pesquisava a inteligência de Jesus Cristo indagando continuamente se ele era fruto da imaginação humana, da criatividade literária, ou se realmente tinha existido. Como pesquisador da inteligência, fui investigar no campo da minha especialidade, ou seja, no campo da construção dos pensamentos descritos nas quatro biografias de Jesus. Pesquisei a lógica, os limites e o alcance de sua inteligência.

---

* Durant, Will. *História da filosofia*. São Paulo: Nova Cultural, 1996.

Existem mais de cinco mil manuscritos do Novo Testamento, o que o torna o mais bem-documentado dos escritos antigos. Muitas cópias foram feitas numa data próxima dos originais. Há aproximadamente 75 fragmentos datados desde 135 d.C. até o século VIII. Todos esses dados, acrescidos do trabalho intelectual produzido pelos estudiosos da paleografia, arqueologia e crítica textual, nos asseguram que possuímos um texto fidedigno do Novo Testamento que contém as quatro biografias de Cristo, os quatro evangelhos. Os fundamentos arqueológicos e paleográficos podem ser úteis para nos dar um texto fidedigno, mas não analisam o próprio texto; logo, são insuficientes para resolver a dúvida se Jesus foi real ou fruto da criatividade intelectual humana. São restritos para fornecer dados para uma análise psicológica ampla sobre os pensamentos de Cristo e sobre as intenções dos autores originais dos evangelhos. Para analisar esses textos, é necessário imergir no próprio texto e interpretá-lo de forma multifocal e isenta, tanto quanto possível, de paixões e tendências. Foi o que procurei fazer.

Penetrei nas quatro biografias de Jesus e procurei pesquisar até o que estava nas entrelinhas desses textos, tanto os mais diversos níveis de coerência intelectual neles contidos como as intenções conscientes e inconscientes dos seus autores. Usei várias versões para isso. Procurei também pesquisar cada ideia, cada reação, cada momento de silêncio e cada pensamento que Cristo produziu nas várias situações que viveu, principalmente em seus focos de tensão. Eu precisava saber se estava analisando a inteligência de uma pessoa real ou imaginária.

O resultado dessa investigação é muito importante. Minhas pesquisas poderiam me conduzir a três caminhos: permanecer na dúvida, convencer-me de que Jesus Cristo foi o fruto mais espetacular da imaginação humana, ou de que realmente ele existiu, de que foi de fato uma pessoa real que andou e respirou na Terra.

Cheguei a uma conclusão que passarei a demonstrar e defender daqui para a frente, como se fosse uma tese.

As intenções conscientes e inconscientes dos autores dos evangelhos

Se estudarmos as intenções conscientes e inconscientes dos autores dos evangelhos, constataremos que eles não tinham a intenção de fundar uma filosofia de vida, de promover um herói político, de construir um líder religioso, nem de criar um homem diante do qual o mundo deveria se curvar. Eles queriam apenas descrever uma pessoa incomum que mudou completamente suas vidas. Queriam registrar fatos, mesmo que incompreensíveis e estranhos aos leitores, que seu mestre viveu, seus discursos e pensamentos. Se nos aprofundarmos nos meandros dos pensamentos descritos nos evangelhos, constataremos que há diversos fatores que evidenciam que Cristo tinha uma personalidade inusitada, distinta, ímpar, imprevisível.

Dois dos autores dos evangelhos eram discípulos íntimos de Cristo (Mateus e João). O evangelho de Marcos foi escrito baseado provavelmente nos relatos de Pedro: Marcos era tão íntimo de Pedro que foi considerado por ele como um filho (*I Pedro 5:13*). Então concluímos que três desses autores tiveram uma relação estreita com o seu personagem. Cristo era real ou fruto da imaginação desses autores? Vamos às evidências.

Se os evangelhos fossem fruto da imaginação literária desses autores, eles não falariam mal de si mesmos, não comentariam a atitude frágil e vexatória que tiveram ao se dispersar quando Cristo foi preso. Quando ele se entregou aos seus opositores e deixou sua eloquência e seus atos sobrenaturais de lado, os discípulos ficaram frágeis e confusos. Naquele momento, tiveram vergonha dele e sentiram medo. Naquela situação estressante, as janelas de suas mentes foram fechadas e eles o abandonaram.

Pedro jurou que não negaria Cristo. Amava tanto seu mestre que disse que, se possível, morreria com ele. Porém, numa situação delicada, o negou. E não apenas uma vez, mas três vezes, e ainda diante de pessoas sem qualquer poder político. Quem contou aos autores dos quatro evangelhos que Pedro negou Cristo por três vezes diante de alguns servos? Quem contou a sua atitude vexatória, se ninguém do seu círculo de amigos sabia que ele o havia negado? Pedro, ele mesmo, teve a coragem de contá-lo. Que autor falaria mal de si mesmo? Pedro não apenas contou os fatos, mas expôs os detalhes da sua negação. Para Lucas, ele contou alguns detalhes significativos que estudaremos.

Com quem Pedro, que quando jovem era um rude e inculto pescador, aprendeu a ser tão sincero, tão honesto consigo mesmo, a ponto de falar de suas próprias misérias? Ele deve ter aprendido com alguém que, no mínimo, admirava muito. Alguém que tivesse características tão complexas na sua inteligência que fosse capaz de ensinar Pedro a se interiorizar e a reciclar profundamente os seus valores existenciais. O Cristo descrito nos evangelhos tinha tais características. Mesmo diante de situações tensas, em que uma pequena simulação o livraria de grandes sofrimentos, Jesus optava por ser honesto consigo mesmo. Pedro aprendeu com ele a difícil arte de ser fiel à sua própria consciência, a assumir seus erros e suas fragilidades. O que indica que esse Cristo não era um personagem literário, mas uma pessoa real.

Se os autores dos evangelhos quisessem produzir conscientemente um herói religioso, eles, como seus discípulos, não desnudariam a vergonha que tiveram dele momentos antes de sua morte, pois isso deporia contra a adesão a esse suposto herói, ainda mais se fosse imaginário. Este fato representa um fenômeno inconsciente que confirma a intenção dos discípulos de descreverem um homem incomum que realmente viveu na Terra.

Quando Cristo foi aprisionado, injuriado e espancado, o jovem João o abandonou, fugiu desesperadamente, junto com os demais discípulos. Além disso, João, o autor do quarto evangelho, descreveu com uma coragem única a sua fragilidade e impotência diante da dramática dor física e psicológica do seu mestre na cruz (*João 19:26*).

Quando João escreveu o seu evangelho? Quando estava velho, por volta de 90 d.C., mais de meio século depois que esse fato ocorreu. Todos os apóstolos provavelmente já tinham morrido. Como nessa época alguns estavam abandonando as linhas básicas do ensinamento de Cristo, João, na sua velhice, descreveu tudo aquilo que tinha visto e ouvido. O que se espera de uma pessoa muito idosa, que está no fim da vida? Que ela não tenha mais nenhuma necessidade de simular, omitir ou mentir sobre os fatos que viu e viveu. O velho João não se escondeu atrás de suas palavras. Ele não apenas discorreu sobre uma pessoa – Cristo – que marcou profundamente sua história de vida, como, em sua descrição, também não se esqueceu de abordar a sua própria fragilidade. Isto é incomum na literatura. Só tem lógica um autor expor suas mazelas desse modo se ele desejar retratar a biografia real de um personagem que está acima delas.

As pessoas tendem a esconder suas fragilidades e seus erros, mas os biógrafos de Jesus Cristo aprenderam a ser fiéis à sua consciência. Aprenderam com ele a arte de extrair sabedoria dos erros. Ao estudar as suas biografias, constatamos que a intenção consciente e inconsciente dos seus autores era apenas expressar com fidelidade aquilo que viveram, mesmo que isso fosse totalmente estranho aos conceitos humanos.

Se Cristo fosse fruto da imaginação dos seus biógrafos, eles não apenas teriam riscado os dramáticos momentos de hesitação que viveram, mas também teriam riscado dos seus escritos a dramática angústia que o próprio Cristo passou na noite em que foi traído, no Getsêmani. Um dia eu talvez escreva sobre esse momento ímpar e os fenômenos psicológicos envolvidos nesse ambiente. Aqui minha abordagem será sintética.

Naquela noite, Jesus mostrou a dimensão do cálice que ia beber, a dor física e psicológica que iria suportar. Se os autores dos evangelhos tivessem programado a criação de um personagem, teriam escondido a dor, o sofrimento de Cristo e o conteúdo das suas palavras. Teriam apenas comentado os seus momentos de glória, os seus milagres, a sua popularidade. A descrição da dor de Cristo é a evidência de que ele não era uma criação literária. Não viveu um teatro; o que ele viveu foi relatado.

Eles também não teriam registrado o silêncio de Jesus Cristo quando ele estava diante do julgamento dos principais sacerdotes e políticos. Pelo contrário, teriam colocado respostas brilhantes em sua boca. Durante sua vida, ele pronunciou palavras sábias e eloquentes que deixavam pasmadas até as pessoas mais rígidas. Porém, quando Pilatos, intrigado, o interrogou, ele se calou. No momento em que Jesus mais precisava de argumentos, ele preferiu se calar. Com a sua inteligência, poderia se safar do julgamento. Mas sabia que aquele julgamento era parcial e injusto. Emudeceu, e em nenhum momento procurou se defender daquilo que havia feito e falado em público. Ele apenas se entregou aos seus opositores e deixou que eles julgassem suas palavras e seu comportamento. Ele foi julgado, humilhado e morreu de forma injusta, e os seus biógrafos descreveram isso.

Cristo não poderia ter sido fruto da criatividade intelectual de algum autor

Por um lado, há muitos fatos psicológicos que demonstram claramente que os autores dos evangelhos não tinham a intenção consciente ou inconsciente de criar literariamente um personagem como Cristo; por outro lado, precisamos investigar se a mente humana tem capacidade para criar uma personalidade como a dele. Vejamos.

Cristo não se comportava nem como herói nem como anti-

-herói. Sua inteligência era ímpar. Seus comportamentos fugiam aos padrões do intelecto humano. Quando todos esperavam que falasse, ele silenciava. Quando todos esperavam que tirasse proveito dos atos sobrenaturais que praticava, pedia às pessoas ajudadas por ele que não contassem a ninguém o que havia feito. Evitava qualquer tipo de ostentação. Que autor poderia imaginar um personagem tão intrigante como esse?

Na noite em que foi traído, facilitou sua prisão, pois levou consigo apenas três dos seus discípulos. Não quis que a multidão que sempre o acompanhava estivesse presente naquele momento. Mesmo com a presença de alguns discípulos, houve alguma agressividade naquela situação, pois Pedro feriu um dos soldados. Não queria derramar sangue ou causar qualquer tipo de violência. Preocupava-se igualmente com a segurança das pessoas que o seguiam e com a daqueles que o prenderam (*João 18:8*). É incomum e muito estranho uma pessoa se preocupar com o bem-estar dos seus opositores! Cristo previu a sua morte algumas vezes e facilitou sua própria prisão.

O mundo dobrou-se aos seus pés, não pela inteligência dos autores dos quatro evangelhos, pois neles não se percebe a intenção de produzir um texto com grande estilo literário. O mundo o reverenciou porque seus pensamentos e atitudes eram tão eloquentes que falavam por si mesmos, não precisavam de arranjos literários por parte dos seus biógrafos.

O que chama atenção nas biografias de Cristo são seus comportamentos incomuns, seus gestos que extrapolam os conceitos, sua capacidade de considerar a dor de cada ser humano mesmo diante da sua própria dor. Veremos que suas ideias eram tão surpreendentes que não têm precedente histórico. Até os seus momentos de silêncio tinham grande significado. Creio que diversas passagens, expressas em suas quatro biografias, possuem tantos segredos intelectuais que muitas não foram compreendidas nem mesmo pelos seus autores na época em que as escreveram.

As reações de Cristo realmente contrapõem-se aos nossos conceitos, estereótipos e paradigmas (modelos de compreensão e padrões de reação). Vejamos sua entrada triunfal em Jerusalém.

Após ter percorrido por um longo período toda a região da Galileia, inúmeras pessoas passaram a segui-lo. Agora, havia chegado o momento de entrar pela segunda e última vez em Jerusalém, o grande centro religioso e político de Israel. Naquele momento, Cristo estava no auge da sua popularidade. As pessoas eufóricas o proclamavam como rei de Israel (*Marcos 11:10*). Alguns discípulos, que àquela altura ainda não estavam cientes do seu desejo, até disputavam quem seria maior se ele conquistasse o trono político (*Marcos 10:35-37*). Os discípulos e as multidões estavam extasiados. Entretanto, mais uma vez ele adotou uma atitude imprevisível que chocou a todos.

Quando esperavam que ele entrasse triunfalmente em Jerusalém, com pompa, seguido de uma grande comitiva, Cristo assumiu uma atitude clara e eloquente que demonstrava sua rejeição a qualquer tipo de poder político, ostentação e estética exterior. Ele mandou alguns dos seus discípulos pegarem um pequeno animal, um jumentinho, e teve a coragem de montar no desajeitado animal. Foi assim que aquele homem superadmirado entrou em Jerusalém.

Nada é mais cômico e desproporcional do que o balanço de um homem transportado por um jumento. O animal é forte, mas é pequeno. Quem o monta não sabe onde colocar os pés, se os levanta ou os arrasta pelo chão.

Que cena impressionante! As pessoas, mais uma vez, ficaram chocadas com o comportamento de Cristo. Mais uma vez ficaram sem entendê-lo. Os seus discípulos, que estavam eufóricos com todo o apoio popular, receberam um "balde de água fria". Porém, as pessoas, confusas e ao mesmo tempo admiradas, colocavam suas vestes sobre o chão para ele passar e o exaltavam como o rei de Israel.

Elas queriam proclamá-lo um grande rei e ele demonstrava que não desejava nenhum poder político. Queriam exaltá-lo, mas ele expressava que, para atingir seus objetivos, o caminho era a humildade, a necessidade de aprender a interiorizar-se. Cristo propunha uma revolução que se iniciava no interior do ser humano, no íntimo do seu ser, e não no exterior, na estética política. É impressionante, mas ele não se mostrava nem um pouco preocupado, como geralmente ficamos, com a aparência, o poder, o status social, a opinião pública.

Imaginem o presidente dos EUA, no dia da sua posse, solicitando aos seus assessores que arrumassem um pequeno animal, como um jumento, para ele entrar na Casa Branca. Certamente esse presidente seria encorajado a ir imediatamente a um psiquiatra. A criatividade intelectual não consegue formar uma personalidade que possua uma inteligência requintada e, ao mesmo tempo, tão despojada e humilde.

Uma pessoa, no auge da sua popularidade, explode de orgulho e modifica o padrão das suas reações. Algumas, ainda que humildes e humanistas, ao subir um pequeno degrau da fama, passam a olhar o mundo de cima para baixo e se colocam, ainda que inconscientemente, acima dos seus pares.

Cristo estava no ápice do seu sucesso social, mas, ao invés de se colocar acima dos outros, desceu todos os degraus da simplicidade e do despojamento e deixou todos perplexos com sua atitude. Se caminhasse, seria mais digno e menos chocante. Porém, ele preferiu subir num pequeno animal para estilhaçar os paradigmas das pessoas que o contemplavam e abrir as janelas das suas mentes para outras possibilidades.

A personalidade de Cristo foge aos parâmetros da imaginação. Sua inteligência flutuava entre os extremos. Em alguns momentos expressava uma grande eloquência, coerência intelectual e segurança e, em outros, dava um salto qualitativo e exprimia o máximo de singeleza, resignação e humildade.

Cristo possuía uma personalidade tão requintada que se manifestava como uma melodia que soava entre os extremos das notas musicais. Conheço muitas pessoas – psiquiatras, psicólogos, intelectuais, cientistas, escritores, empresários. Entretanto, nunca encontrei ninguém cuja personalidade possuísse características tão surpreendentes quanto a dele.

Quem, no auge do sucesso, conserva suas raízes mais íntimas? Essa perda de raízes diante da fama nem sempre ocorre pela determinação do "eu", mas por processos que fogem ao controle do "eu". Muitos, depois de alcançar qualquer tipo de sucesso, perdem, ainda que inconsciente e involuntariamente, não apenas as suas raízes históricas, mas também sua capacidade de contemplação do belo diante dos pequenos eventos da rotina diária. Por isso, com o decorrer do tempo, diversas pessoas que conquistam a notoriedade se entediam com a fama e acabam procurando uma vida mais reservada.

Será que alguns personagens da literatura mundial aproximaram-se da personalidade de Jesus Cristo? Desde que Gutenberg inventou as técnicas gráficas modernas, dezenas de milhares de autores criaram milhões de personagens na literatura. Será que algum desses personagens teve uma personalidade com as características da de Jesus? Eis um bom desafio de investigação! Realmente creio que não. As características de Cristo fogem ao padrão do espetáculo da inteligência e da criatividade humanas.

No passado, Cristo era para mim fruto da cultura e da religiosidade humanas. Porém, após anos de investigação, convenci-me de que não estou estudando a inteligência de uma pessoa fictícia, imaginária, mas de alguém real, que andou e respirou aqui na Terra. É possível rejeitá-lo, mas se investigarmos as suas biografias não há como negar sua existência e reconhecer sua perturbadora personalidade. A personalidade de Cristo é "inconstrutível" pela imaginação humana.

As diferenças nas biografias de Cristo sustentam a história de um personagem real

Durante alguns anos eu pensava que as pequenas diferenças existentes nas passagens comuns dos quatro evangelhos diminuíam sua credibilidade. Com o decorrer da minha análise, compreendi que essas diferenças também eram importantes para atestar a existência de Cristo. Compreendi que as suas biografias não procuravam ser cópias umas das outras. Eram resultado da investigação de diferentes autores em diferentes épocas sobre alguém que possuía uma história real.

Todos os evangelhos relatam Pedro negando Cristo. Porém, quando Pedro o negou pela terceira vez, somente Lucas em seu evangelho comenta que Jesus, naquele momento, voltou-se para Pedro e o olhou fixamente (*Lucas 22:61*). As diferenças de relatos nos quatro evangelhos, ao contrário do que muitos podem pensar, não depõem contra a história de Cristo, mas sustentam a sua credibilidade. Vejamos esta tese.

Lucas era médico e, como tal, aprendeu a investigar os fatos detalhadamente. Tinha um "olho clínico" acurado, devia detectar fatos que ninguém observava ou valorizava. Quando, muitos anos após a morte de Cristo, interrogou Pedro e colheu os detalhes daquela cena, captou um gesto de Jesus que passou despercebido aos outros autores dos evangelhos. Percebeu que Cristo, mesmo sendo espancado e injuriado, ainda assim esqueceu-se da sua dor e se preocupou com Pedro. Este comentou com Lucas que, no instante em que ele o negava pela terceira vez, Jesus virou-se para ele e o fitou profundamente.

O olhar de Cristo esconde nas entrelinhas complexos fenômenos intelectuais e uma profunda delicadeza emocional. Mesmo no extremo da sua dor ele se preocupava com a angústia dos outros, sendo capaz de romper o instinto de preservação da vida e acolher e encorajar as pessoas, ainda que fosse com o olhar.

Quem é capaz de se preocupar com a dor dos outros no ápice da própria dor? Se muitas vezes queremos que o mundo gravite em torno de nossas necessidades quando estamos emocionalmente tranquilos, imagine quando estamos sofrendo, ameaçados, desesperados.

Pedro talvez só tenha tido a compreensão plena da dimensão desse olhar trinta anos após a morte de Cristo, ou seja, depois que Lucas, com seu olho clínico, investigou a história do próprio Pedro, vislumbrou aquela cena e a descreveu no ano 60 d.C., data provável em que ele escreveu o seu evangelho.

O evangelho de Lucas é um documento histórico bem pesquisado e detalhista. Ele consultou testemunhas oculares, selecionou as informações e as organizou de maneira adequada. Como médico, tinha interesse incomum por retratar assuntos da medicina (*Lucas 1:1-2*). Deu muita atenção aos acontecimentos referentes ao nascimento de Cristo. Investigou Isabel e Maria, e foi o único que descreveu seus cânticos, bem como os pensamentos íntimos de Maria. Lucas demonstrou um interesse particular pela história das pessoas, por isso retratou Zaqueu, o bom samaritano, o ex-leproso agradecido, o publicano arrependido e nos conta a parábola do filho pródigo. Lucas era um investigador minucioso que captou particularidades de Cristo. Percebeu que até seu olhar tinha grande significado intelectual.

Como disse, os demais autores dos evangelhos não vislumbraram esse olhar de Cristo, por isso não o registraram. Essas diferenças em suas biografias atestam que elas eram fruto de um processo de investigação realizado por diferentes autores que enfocaram diversos aspectos históricos. Os evangelhos são quatro biografias "incompletas", produzidas, em tempos diferentes, por pessoas que foram cativadas pela história de Jesus Cristo.

Essas biografias têm coerência, sofisticação intelectual, pensamentos ousados, ideias complexas. São sintéticas, econômicas, não primam pela ostentação nem pelo elogio particular.

Cristo, em alguns momentos, revelava claramente seus pensamentos, mas em seguida se ocultava nas entrelinhas das suas reações e das suas parábolas, o que o tornava difícil de ser compreendido. Ele se revelava e se ocultava continuamente. Por que tinha tal comportamento? Sua história nos mostra que não era somente porque não procurava o brilho social, mas porque tinha um grande propósito: queria produzir uma revolução no interior do ser humano, uma revolução transformadora, difícil de ser analisada. Queria produzir uma mudança nas entranhas do espírito e da mente humana capaz de gerar tolerância, humildade, justiça, solidariedade, contemplação do belo, cooperação mútua, consideração pela angústia do outro.

Seu comportamento, revelando-se e ocultando-se continuamente, também objetivava provocar a inteligência das pessoas com as quais convivia. Como veremos, ele desejava romper a ditadura do preconceito e o cárcere intelectual dessas pessoas. Ninguém foi tão longe em querer implodir os alicerces da rigidez intelectual e procurar transformar a humanidade.

CAPÍTULO 3

A timidez e a omissão da ciência em investigar a inteligência de Cristo

A promessa da ciência e a frustração gerada

No século XIX e principalmente no XX a ciência teve um desenvolvimento explosivo. Paralelamente, o ateísmo floresceu como nunca. A ciência tanto progredia quanto prometia muito. Alicerçados na ciência, os seres humanos se tornaram ousados em seus sonhos de progresso e modernidade. Milhões deles, inclusive muitos intelectuais, baniram Deus de suas vidas, de suas histórias, substituindo-O pela ciência. Ela prometia levá-los a dar um salto nos amplos aspectos da prosperidade biológica, psicológica e social. A solidariedade cresceria, a cidadania floresceria, o humanismo embalaria as relações sociais, a riqueza material se expandiria e englobaria todos os seres humanos, a miséria social seria extinta e a qualidade de vida atingiria um patamar brilhante. As guerras, as discriminações e as demais violações dos direitos humanos seriam lembradas como manchas das gerações passadas. Belo sonho.

A ciência oferecia uma grande esperança, que, apesar de não ser expressa em palavras, era forte e arrebatadora. Havia uma promessa sentida a cada momento em que se dava um salto espetacular na engenharia civil, na mecânica, na eletrônica, na medicina, na genética, na química, na física, etc. A expansão do conhecimento era incontrolável. Cada ciência se multiplicava em outras novas. Cada viela do conhecimento se expandia, tornando-se um bairro inteiro de informações. Encontrava-se um microcosmo dentro das células. Descobria-se um mundo dentro dos átomos. Compreendia-se um mundo com bilhões de galáxias que pulsavam no espaço. Produzia-se um universo de possibilidades nas memórias dos computadores.

A ciência desenvolveu-se intensamente, mas frustrou a humanidade. De um lado, fez e continua fazendo muito. Causou uma revolução tecnológica no mundo extrapsíquico e mesmo no organismo humano, por meio dos exames laboratoriais e das técnicas de medicina. Revolucionou o mundo extrapsíquico, o mundo exterior das pessoas, mas não o mundo intrapsíquico, o mundo interior, o cerne da mente. Guiou o ser humano na descoberta do imenso espaço e do pequeno átomo, mas não o levou a explorar seu próprio mundo interior. Produziu veículos automotores, mas não veículos psíquicos capazes de conduzir as pessoas nas trajetórias do seu próprio ser. Fabricou máquinas para arar a terra e garantir mantimentos para saciar a fome física, mas não gerou princípios psicológicos e sociológicos para "arar" a rigidez intelectual, o individualismo e nutri-lo com a cidadania, a tolerância, a preocupação com o outro. Forneceu informações e multiplicou as universidades, mas não resolveu a crise de formação de pensadores.

A ciência não causou a tão sonhada revolução do humanismo, da solidariedade, da preservação dos direitos humanos. Não cumpriu as promessas mais básicas de expandir a qualidade de vida psicossocial do mundo moderno.

Homens e mulheres do final do século XX se sentiram traídos pela ciência e os do terceiro milênio se sentem hoje frustrados, perdidos, confusos, sem âncora intelectual para se segurar.

O conhecimento e as misérias psicossociais

Milhões de pessoas conseguem definir as partículas dos átomos que nunca viram, mas não conseguem compreender que a cor da pele branca ou negra, tão perceptível aos olhos, não serve de parâmetro para distinguir duas pessoas da mesma espécie que possuem o mesmo espetáculo da construção de pensamentos. Somos, a cada geração, uma espécie mais feliz, humanista, solidária, complacente, tolerante e menos doente psiquicamente? Infelizmente, não!

O conhecimento abriu novas e impensáveis perspectivas. As escolas se multiplicaram. As informações nunca foram tão democratizadas, tão acessíveis. Estamos na era da educação virtual. Milhões de pessoas cursarão universidades sem sair de suas casas. Porém, onde estão os pensadores que deixam de ser espectadores passivos e se tornam agentes modificadores da sua história existencial e social? Onde estão os engenheiros de ideias criativas, capazes de superar as ditaduras do preconceito e dos focos de tensão? Onde estão os poetas da inteligência que desenvolveram a arte de pensar? Onde estão os humanistas que não almejam que o mundo gravite em torno deles, que superam a paranoia do individualismo, que transcendem a paranoia da competição predatória e sabem se doar socialmente?

Os seres humanos nunca usaram tanto a ciência. Entretanto, nunca desconfiaram tanto dela. Eles sabem que a ciência não resolveu os problemas básicos da humanidade. Qual a consequência disso? É que a forte corrente do ateísmo que se iniciou no século XIX e que perdurou durante boa parte do século XX foi rompida. A ciência, como disse, tanto progredia quanto prometia muito. Sob os alicerces da ciência, homens e mulheres ganharam status de deuses, pois acreditavam serem capazes de extirpar completamente as suas próprias misérias. Assim, durante muitas décadas, o ateísmo floresceu como um canteiro vivo. Todavia, com a frustração da ciência, o ateísmo ruiu como um jogo de cartas de baralho, implodiu, e o misticismo floresceu. Fomos de um extremo a outro.

Percebendo as misérias psicossociais ao seu redor e observando as notícias de cunho negativo saltando todos os dias das manchetes dos jornais, as pessoas começaram a procurar Deus. Elas, que não acreditavam em nada, passaram a crer em tudo. Elas, que eram tão céticas, passaram a ser tão crédulas. É respeitável todo tipo de crença, porém é igualmente respeitável exercer o direito de pensar antes de crer, e crer com maturidade e consciência crítica. O direito de pensar com consciência crítica é nobilíssimo.

A ciência e a complexidade da inteligência de Cristo

A ciência foi tímida e omissa em pesquisar algumas áreas importantíssimas do conhecimento. Uma delas se relaciona aos limites entre a psique e o cérebro. Temos viajado pelo imenso espaço e penetrado nas entranhas do pequeno átomo, mas a natureza intrínseca da energia psíquica, que nos torna seres que pensam e sentem emoções, permanece um enigma.

Outra atitude tímida e omissa da ciência ao longo dos séculos está ligada à investigação do personagem principal deste livro – Jesus Cristo. A ciência o considerou complexo demais. Sim, ele o é, mas ela foi tímida em pesquisar a inteligência dele. Será que aquele que dividiu a história da humanidade não merecia ser mais bem investigado? A ciência o considerou inatingível, distante de qualquer análise. Deixou essa tarefa exclusivamente para a esfera teológica.

Há pelo menos duas maneiras de uma pessoa ser deixada de lado: quando é considerada sem nenhum valor ou quando é tão valorizada que se torna inatingível. Cristo foi rejeitado por diversos "intelectuais" de sua época por ser considerado um perturbador da ordem social e religiosa. Hoje, ao contrário, é tão valorizado que muitos o consideram intocável, distante de qualquer investigação. Todavia, como já afirmei, ele gostava de ser investigado com inteligência.

A omissão e a timidez da ciência permitiram que Cristo fosse banido das discussões acadêmicas, não sendo estudado nas salas de aula. Sua complexa inteligência não é objeto de pesquisa das teses de pós-graduação. Embora a inteligência de Jesus possua princípios intelectuais sofisticados, capazes de estimular o processo de interiorização e o desenvolvimento das funções mais importantes da inteligência, ela realmente foi banida dos currículos escolares.

É muito raro alguém comentar que a inteligência de Cristo era perturbadora, que ele rompia o cárcere intelectual das pessoas, que abria as janelas da mente delas. Todos admitem que ele foi um exemplo vivo de mansidão e humildade, mas ninguém comenta que era insuperável na arte de pensar.

Algumas ferramentas usadas para investigar a inteligência de Cristo

O Mestre dos Mestres da escola da existência foi banido da escola clássica. Centenas de milhões de pessoas o admiram profundamente, mas apenas uma minoria estuda os detalhes da sua inteligência. Grande parte delas não tem ideia de como ele desejava causar uma transformação psicossocial do interior para o exterior do ser humano, uma transformação que a ciência prometeu nas entrelinhas do seu desenvolvimento e não cumpriu.

Antes de continuar a estudar a inteligência de Cristo, gostaria de expor alguns mecanismos básicos da construção da inteligência humana.* Farei uma pequena síntese do processo de construção dos pensamentos, dos papéis da memória e da ditadura do preconceito.

---

* Àqueles que querem se aprofundar mais nesse tema, gostaria de indicar o livro *Inteligência multifocal*, de minha autoria, que contém uma nova teoria sobre o funcionamento da mente, a construção da inteligência e o processo de formação de pensadores.

Os fenômenos que aqui estudarei funcionarão como ferramentas para investigar alguns princípios fundamentais da inteligência de Jesus Cristo que serão aplicados e explicados ao longo deste livro.

A inteligência de Cristo diante da ansiedade e do gerenciamento dos pensamentos

A inteligência do carpinteiro de Nazaré era tão impressionante que ele discursava sobre temas que só seriam abordados pela ciência 19 séculos depois, com o surgimento da psiquiatria e da psicologia. Cristo se adiantou no tempo e discorreu sobre a mais insidiosa das doenças psíquicas, a ansiedade (*Mateus 6:25-34*). A ansiedade estanca o prazer de viver, fomenta a irritabilidade, estimula a angústia e gera um universo de doenças psicossomáticas.

A medicina, como ciência milenar, sempre olhou para a psiquiatria e para a psicologia de cima para baixo, com certa desconfiança, pois as considerava ciências novas, imaturas. Muitos estudantes de medicina, até mesmo na escola em que me formei, não davam grande importância às aulas de psiquiatria e psicologia. Queriam estudar os órgãos do corpo humano e suas doenças, mas desprezavam o funcionamento da mente. Todavia, nas últimas décadas, a medicina tem abandonado sua postura orgulhosa e procurado estudar e tratar o ser humano integral – organismo e psique (alma) –, pois vem percebendo que muitas doenças cardiovasculares, pulmonares, gastrintestinais, etc. têm como causa transtornos psíquicos, entre os quais se destaca a ansiedade.

Jesus discorreu sobre uma doença que somente agora tem ocupado os capítulos principais da medicina. Provavelmente, no terceiro milênio, um excelente médico será antes de tudo um profissional com bons conhecimentos de psiquiatria, psicologia e cultura geral. Será um profissional menos ávido por pedir exames laboratoriais e prescrever medicamentos e mais interessado em dialogar com seus pacientes, alguém com habilidade para penetrar no mundo deles, detectar seus níveis de ansiedade e ajudá-los a superar as dores existenciais. Será um profissional que terá uma linha de pensamento semelhante àquela apregoada há tantos séculos por Cristo. Ele era o mestre do diálogo.

Esse mestre compreendia a mente humana e as dificuldades da existência com uma lucidez refinada. Preocupava-se com a qualidade de vida dos seus íntimos. Discursava eloquentemente: *"Não andeis ansiosos pela vossa vida."* Isto não significa que devessem abolir completamente qualquer reação de ansiedade, mas que não vivessem ansiosos. Em seus discursos, Cristo já se referia à ansiedade natural, normal, presente em cada ser humano, que se manifesta espontaneamente quando estamos preocupados, quando planejamos, quando expressamos um desejo, quando passamos por alguma doença ou contrariedade. Todavia, segundo ele, essa ansiedade eventual, normal, pode se tornar doentia, um "andar" ansioso.

Neste livro, não me deterei em detalhes sobre o pensamento de Cristo acerca da ansiedade. Quero apenas comentar que ele afirmava que as preocupações exageradas com a sobrevivência, os pensamentos antecipatórios, o enfrentamento de problemas virtuais, a desvalorização do ser em relação ao ter, etc. cultivam a ansiedade doentia. O mestre da escola da existência era um grande sábio. As causas que ele apontou não mudaram no mundo moderno; pelo contrário, elas se intensificaram.

Quanto mais conquistamos bens materiais, mais queremos acumulá-los. Parece não haver limites para a nossa insegurança e insatisfação. Valorizamos mais o "ter" do que o "ser", ou seja, possuir bens mais do que ser tranquilo, alegre, coerente. Essa inversão de valores gera a ansiedade e seus frutos: insegurança, medo, apreensão, irritabilidade, insatisfação, angústia (tensão emocional associada a um aperto no tórax). A insegurança é uma das principais manifestações da ansiedade. Fazemos seguros de vida, da casa, do carro, mas, ainda assim, não resolvemos nossa insegurança.

Cristo tinha razão: há uma ansiedade inerente ao ser humano, ligada à construção de pensamentos, influenciada pela carga genética, por fatores psíquicos e sociais. Só não tem essa ansiedade quem está morto. Somos a espécie que possui o maior de todos os espetáculos, o da construção de pensamentos. No entanto, muitas vezes usamos o pensamento contra nós mesmos, para gerar uma vida ansiosa. Os problemas ainda não ocorreram, mas já estamos angustiados por eles. O capítulo 6 de Mateus diz: "*Não andeis ansiosos pelo dia de amanhã... Basta a cada dia o seu próprio mal.*" Cristo queria vacinar seus discípulos contra o estresse produzido por pensamentos antecipatórios. Não abolia as metas, as prioridades, o planejamento do trabalho, pois ele mesmo tinha metas e prioridades bem estabelecidas, mas queria que os discípulos não gravitassem em torno de problemas imaginários.

Muitos de nós vivemos o paradoxo da liberdade utópica. Por fora, somos livres porque vivemos em sociedades democráticas, mas por dentro somos prisioneiros, escravos das ideias dramáticas e de conteúdo negativo que antecipam o futuro. Há diversas pessoas que gozam de boa saúde, mas vivem miseravelmente pensando em câncer, infarto, acidentes, perdas.

O ensinamento de Cristo relativo à ansiedade era sofisticado, pois, para praticá-lo, seria necessário conhecer uma complexa arte intelectual que todo ser humano tem dificuldade de aprender: a arte de gerenciar os pensamentos.

Governamos o mundo exterior, mas temos enorme dificuldade em gerenciar nosso mundo interior, o dos pensamentos e das emoções. Somos subjugados por necessidades que nunca foram prioritárias, pelas paranoias do mundo moderno: o consumismo, a estética, a segurança. Assim, a vida humana, que deveria ser um espetáculo de prazer, torna-se um espetáculo de terror, de medo, de ansiedade. Nunca tivemos tantos sintomas psicossomáticos: cefaleias, dores musculares, fadiga excessiva, sono perturbado, transtornos alimentares como a bulimia e a anorexia nervosa, etc. Uma parte significativa dos adolescentes americanos tem problemas de obesidade, e a ansiedade é uma das principais causas desse transtorno.

Para compreendermos a importância do gerenciamento dos pensamentos e as dificuldades de executá-lo, precisamos responder pelo menos a duas grandes perguntas sobre o funcionamento da mente. Qual é a maior fonte de entretenimento humano? Pensar é uma atividade inevitável ou é um trabalho intelectual voluntário que depende apenas da determinação consciente do próprio homem?

A maior fonte de entretenimento humano não é a TV, o esporte, a literatura, a sexualidade, o trabalho. A resposta está dentro de cada um de nós. É o mundo das ideias, dos pensamentos, que o ser humano constrói clandestinamente em sua própria mente, e que gera os sonhos, os planos, as aspirações.

Quem consegue interromper a construção de pensamentos? É impossível. A própria tentativa de interrupção já é um pensamento. Pensamos durante os sonhos, quando estamos trabalhando, andando, dirigindo.

As ideias representam um conjunto organizado de cadeias de pensamentos. O fluxo das ideias que transitam a cada momento no palco de nossas inteligências não pode ser contido. Todos somos viajantes no mundo das ideias: viajamos para o passado, reconstruindo experiências já vividas; viajamos para o futuro, imaginando situações ainda inexistentes; viajamos também para os problemas existenciais.

Os juízes viajam nos seus pensamentos enquanto julgam os réus. Os psicoterapeutas viajam enquanto atendem seus pacientes. Os cientistas viajam enquanto pesquisam. As crianças viajam nas suas fantasias. Os adultos, nas suas preocupações. Os idosos, nas suas recordações.

Uns constroem projetos e outros, castelos inatingíveis. Uns viajam menos em seus pensamentos, outros viajam muito, concentrando-se pouco em suas tarefas. Essas pessoas pensam que têm déficit de memória, mas, na verdade, possuem apenas déficit de concentração por causa da hiperprodução de pensamentos.

Pensar não é uma opção voluntária do ser humano; é o seu destino inevitável. Não podemos interromper a produção de pensamentos; só podemos gerenciá-la. É impossível interromper o fluxo de pensamentos, pois além do eu (vontade consciente) existem outros três fenômenos (o da autochecagem da memória, a âncora da memória e o complexo autofluxo)* que fazem espontaneamente uma leitura da memória e produzem inúmeros pensamentos diários que são importantes tanto para a formação da personalidade como para gerar uma grande fonte de entretenimento, podendo se tornar também a maior fonte de ansiedade humana.

Cristo tanto prevenia contra a ansiedade como discursava sobre o prazer de viver. Dizia: *"Olhai os lírios dos campos"* (*Mateus 6:28*). Queria que as pessoas fossem alegres, inteligentes, mas simples. Porém, assim como seus discípulos, nós não sabemos contemplar os lírios dos campos, ou seja, não sabemos extrair o prazer dos pequenos momentos da vida. A ansiedade estanca esse prazer. Apesar de o mestre da escola da vida discursar sobre a ansiedade e suas causas, sua proposta em relação ao sentido da vida e ao prazer de viver era tão surpreendente que, como analisaremos no próximo capítulo, chocam a psiquiatria, a psicologia e as neurociências.

Ao longo de quase duas décadas pesquisando o funcionamento da mente humana, compreendi que não há ser humano que não tenha problemas no gerenciamento dos seus pensamentos e emoções, principalmente diante dos focos de tensão. O maior desafio da educação não é conduzir as pessoas a executarem ta-

---

* Cury, Augusto J. *Inteligência multifocal*. São Paulo: Cultrix, 1995.

refas e dominarem o mundo que as cerca, mas conduzi-las a liderar seus próprios pensamentos, seu mundo intelectual.

É possível ter status e sucesso social e ser uma pessoa insegura diante das contrariedades, incapaz de gerenciar as situações estressantes. É possível ter sucesso econômico, mas ser um "rico-pobre", sem o prazer de viver, de contemplar os pequenos detalhes da vida. É possível viajar pelo mundo e conhecer vários continentes, mas não caminhar nas trajetórias do seu próprio ser e conhecer a si mesmo. É possível ser um grande executivo e controlar uma multinacional, mas não ter domínio sobre os próprios pensamentos e reações emocionais, ser um espectador passivo diante das mazelas psíquicas.

Cristo não frequentou escola, não estudou as letras, mas foi o Mestre dos Mestres na escola da vida. Era tão sofisticado em sua inteligência que praticava a psiquiatria e a psicologia preventiva quando estas nem ensaiavam existir.

A inteligência de Cristo diante dos papéis da memória

Como Cristo lidava com os papéis da memória? Usava a memória humana como um depósito de informações? Tinha uma postura lúcida e coerente diante da história dos seus discípulos?

Cristo usava os papéis da memória de maneira diferente de muitas escolas clássicas. Possuía uma sabedoria impressionante. Não dava uma infinidade de informações para seus íntimos nem mesmo regras de conduta, como muitos pensam. Usava a memória como um suporte para fazer deles uma refinada casta de pensadores. Nos capítulos sobre a escola da existência estudaremos esses aspectos. Aqui, comentarei apenas a linha principal do pensamento de Jesus diante dos papéis da memória.

As escolas são fundamentais numa sociedade, mas elas têm enfileirado os alunos durante séculos nas salas de aula, acreditando que a memória tem um atributo que na realidade não possui: o de ser um sistema de arquivo de informações que faz de nós retransmissores delas. O senso comum acredita que tudo o que se armazena na memória será lembrado de maneira pura. Todavia, ao contrário do que muitos educadores e outros profissionais pensam, não existe lembrança pura das alegrias, das angústias, dos fracassos e dos sucessos que foram registrados na memória existencial (ME). Só são recordadas de maneira mais pura as informações de uso contínuo, como endereços, números telefônicos e fórmulas matemáticas que foram registradas repetidas vezes na memória de uso contínuo (MUC).

O passado não é lembrado, mas reconstruído. As recordações são sempre reconstruções do passado, nunca plenamente fiéis, apresentando às vezes micro ou macrodiferenças. Ao recordarmos o dia em que recebemos o primeiro diploma na escola, sofremos um acidente, fomos ofendidos, fomos elogiados, a lembrança será sempre diferente em relação ao passado.

A memória não é um sistema de arquivo lógico, uma enciclopédia de informações, nem a inteligência humana funciona como retransmissora dessas informações. A memória funciona como um canteiro de dados para que nos tornemos construtores de pensamentos. Cristo tinha consciência disso, pois usava a memória como trampolim para expandir a arte de pensar. Estava sempre estimulando os seus discípulos a se interiorizarem e a se repensarem.

Por que a memória humana não funciona como a memória dos computadores? Por que não recordamos o passado exatamente como ele foi? Aqui se esconde um grande segredo da inteligência. Não recordamos o passado com exatidão não apenas pelas dificuldades de registro cerebral, mas também porque um dos mais importantes papéis da memória não é transformar o ser humano num repetidor de informações do passado, mas num engenheiro de ideias, um construtor de novos pensamentos. Esse segredo da mente humana precisa ser incorporado pelas teorias educacionais.

Nunca se resgata a realidade das experiências do passado, mesmo quando se está em tratamento psicoterápico. O filme do presente nunca é igual ao do passado. Esse fenômeno, além de nos estimular a sermos engenheiros de ideias, contribui para desobstruir a inteligência em situações dramáticas. Por exemplo, uma mãe que perde um filho poderia paralisar sua inteligência, pois recordaria continuamente ao longo da vida a mesma experiência de dor vivida no velório dele. Porém, como a recordação do presente é sempre distinta daquela do passado, ainda que minimamente, a mãe vai pouco a pouco aliviando inconscientemente a dor da perda, apesar de a saudade nunca mais ser resolvida. Com isso, ela volta a ter prazer de viver.

Sem tais mecanismos intelectuais, expostos sinteticamente, não apenas as experiências de dor e fracasso poderiam paralisar nossas inteligências, mas também as de alegria e sucesso poderiam nos manter gravitando em torno delas.

Cristo estava continuamente conduzindo seus discípulos a pensar antes de reagir, a abrir as janelas de suas mentes mesmo diante do medo, dos erros, dos fracassos e das dificuldades. Estimulava os papéis da memória e o processo de construção de pensamentos.

Volto a repetir, a leitura multifocal da memória e a reconstrução contínua do passado nos levam a ser engenheiros criativos de novas ideias, e não pedreiros das mesmas obras. Mas não contribuímos para esse processo, como fazia o mestre de Nazaré; pelo contrário, nós o atrapalhamos, pois, em vez de exigirmos de nós a flexibilidade e a criatividade, preferimos ter ótima memória e ser repetidores de informações, o que encarcera a inteligência.

Esse erro educacional se arrasta por séculos e vai se intensificar cada vez mais à medida que o ser humano quiser ter uma memória e uma capacidade de resposta semelhantes às dos computadores. Os computadores são escravos de programas lógicos. Eles não pensam, não têm consciência de si mesmos e, principalmente, não duvidam nem se emocionam.

Muitos alunos não se adaptam ao ensino tradicional e são considerados incompetentes ou deficientes porque o modelo educacional nem sempre estimula adequadamente os papéis da memória. As próprias provas escolares podem representar, às vezes, uma tentativa de reprodução inadequada de informações. Precisamos compreender que a especialidade da inteligência humana é expandir a arte de pensar, criar, libertar o pensamento, e não decorar e repetir informações.

Veremos que, por conhecer bem os papéis da memória, o mestre da escola da existência ensinava muito dizendo pouco. Desejava que as pessoas não fossem repetidoras de regras de comportamento, capazes apenas de julgar os outros, mas sem saberem se interiorizar e enfrentar seus próprios erros, como os fariseus, conforme é relatado nos capítulos 6 e 23 de Mateus: *"Tira a trave do teu olho, então verás claramente para tirar o cisco do olho do teu irmão."* Somos ótimos para julgar e criticar os outros. Todavia, ele não admitia que seus discípulos vivessem uma maquiagem social. Primeiro tinham que apontar o dedo para si mesmos, para depois julgar e ajudar os outros.

Estudando as entrelinhas de suas ideias, verificamos que Cristo sabia que os pensamentos não se registram na mesma intensidade, que há determinadas experiências que obtêm um registro privilegiado no inconsciente da memória. Por isso, toda vez que queria ensinar algo complexo ou estimular uma função importante da inteligência – tal como aprender a se doar, a pensar antes de reagir, a reciclar a competição predatória –, Jesus usava gestos surpreendentes que chocavam a mente das pessoas e marcavam para sempre a memória delas.

O Mestre dos Mestres entendia as limitações humanas, sabia como era difícil administrar as próprias emoções, principalmente nos focos de tensão. Sabia que facilmente perdemos a paciência quando estamos estressados, que nos irritamos por pequenas coisas e ferimos as pessoas que mais amamos. Para ele, o mal é o que sai de dentro de nós e não o que está fora. Cumpre ao ser humano atuar primeiro no seu mundo intelectual para depois aprender a ser um bom líder no mundo social.

Cristo não admitia que as tensões, a ira, a intolerância, o julgamento preconcebido envolvessem seus discípulos. Estimulava seus íntimos a serem fortes numa esfera em que costumamos ser fracos: fortes em administrar a impaciência, rápidos em reconhecer as limitações, seguros em reconhecer os fracassos, maduros em tratar com as dificuldades do relacionamento social (*Mateus 5:1 a 7:29*).

A preocupação do mestre tem fundamento. Existe um fenômeno inconsciente que chamo de fenômeno RAM (registro automático da memória) que grava imediatamente todas as experiências na memória. Nos computadores é necessário dar um comando para "salvar" as informações. Porém, na memória humana, a mente não nos dá essa liberdade. Cada pensamento e emoção são registrados automática e espontaneamente, e por isso as experiências do passado irrigam o nosso presente.

O fenômeno RAM registra todas as nossas experiências de vida, tanto nossos sucessos como nossos fracassos, tanto nossas reações inteligentes como as imaturas. Entretanto, há diferenças no processo de registro que influenciarão o processo de leitura da memória. Registramos de maneira mais privilegiada as experiências que têm mais conteúdo emocional, seja ele prazeroso ou angustiante. Por isso temos mais facilidade de recordar as experiências mais marcantes de nossas vidas, tanto as que nos causaram alegrias como aquelas que nos frustraram. Estimular adequadamente o fenômeno RAM é fundamental para o desenvolvimento da personalidade, inclusive para o sucesso do tratamento de pacientes depressivos, fóbicos e autistas.

Cristo não queria que as turbulências emocionais fossem continuamente registradas na memória, engessando a personalidade. Queria que seus discípulos fossem livres (*Lucas 4:18; João*

8:32). Livres num território em que todo ser humano é facilmente prisioneiro, seja um psiquiatra ou um paciente: no território da emoção. O mestre da escola da existência, quase vinte séculos antes de Goleman,[*] já discursava apontando a energia emocional como uma das importantes variáveis que influenciam o desenvolvimento da inteligência. Como veremos, a maneira como ele lidava com as intempéries emocionais, superava as dores da existência, desenvolvia a criatividade e abria as janelas da mente nas situações estressantes deixaria os adeptos da tese da inteligência emocional pasmos, tamanha a sua maturidade.

Se não formos rápidos e inteligentes para lidar com nossas ansiedades, intolerâncias, impaciências, fobias, nós as retroalimentaremos em nossas memórias. Assim, nos tornaremos o nosso maior inimigo, reféns de nossas emoções. Por isso muitos vivem o paradoxo da cultura e da miséria emocional. Possuem diversos títulos acadêmicos, são cultos, mas, ao mesmo tempo, são infelizes, ansiosos e hipersensíveis, não sabem absorver suas contrariedades, frustrações e as críticas que recebem. Essas pessoas deveriam se reciclar e investir em qualidade de vida.

Não está sob o controle consciente das pessoas o registro das informações na memória, assim como também não está o ato de apagá-las. Mas é possível reescrevê-las. Já pensou se fosse possível deletar os arquivos registrados na memória? Quando estivéssemos decepcionados, frustrados com determinadas pessoas, teríamos a oportunidade de matá-las dentro de nós. Isto produziria um suicídio impensável da inteligência, um suicídio da história. Muitos de nós já tentamos, sem sucesso, eliminar alguém de nossa memória.

Cristo indicou ao longo do relacionamento que teve com seus discípulos que tinha consciência de que a memória não pode ser deletada. Veremos que não queria destruir a personalidade das

---

[*] Goleman, Daniel. *Inteligência emocional*. Rio de Janeiro: Objetiva, 1995.

pessoas que conviviam com ele. Pelo contrário, desejava transformá-las essencialmente, amadurecê-las e enriquecê-las. Não desejava anular a história delas, mas desejava que reescrevessem sua história com liberdade e consciência, que não tivessem medo de repensar seus dogmas e de revisar seus conflitos diante da vida.

Como pode alguém que nasceu há tantos séculos, sem qualquer privilégio cultural ou social, demonstrar um conhecimento tão profundo da inteligência humana? O mestre de Nazaré era um maestro da vida. Ele usava seus momentos de silêncio, suas parábolas, suas reações para estimular seus incultos discípulos a se tornarem um grupo de pensadores capazes de tocar juntos a mais bela sinfonia da vida. Sem dúvida, era um mestre intrigante e instigante. Estudar a inteligência dele é muito mais complexo do que estudar a de Freud, de Jung, de Platão ou a de qualquer outro pensador.

A inteligência de Cristo diante da ditadura do preconceito

Agora estudaremos o pensamento de Cristo sobre as relações sociais. Analisaremos como ele se comportava diante das pessoas socialmente desprezadas e moralmente reprovadas. O mestre da escola da vida tem algumas lições para nos dar também nessa área.

O maior líder não é aquele que é capaz de governar o mundo, mas o que é capaz de governar a si mesmo. Alguns executam com grande habilidade suas tarefas profissionais, mas não têm habilidade para construir relacionamentos profundos, abertos, flexíveis e desprovidos de suas angústias e ansiedades. Um dos maiores problemas que engessam a inteligência e dificultam as relações sociais é a ditadura do preconceito.

O preconceito está intimamente ligado à construção de pensamentos. Toda vez que nos defrontamos com algum estímulo, fazemos automaticamente a leitura da memória e construímos pensamentos que contêm preconceitos sobre esse estímulo. Por exemplo, quando estamos diante do comportamento de alguém, usamos a memória e produzimos um preconceito sobre esse comportamento. Assim, frequentemente temos um conceito prévio dos estímulos que observamos, e por isso os consideramos corretos, imorais, inadequados, belos, feios, etc.

Aqui reside um grande problema: a utilização da memória gera um preconceito inevitável e necessário, mas, se não reciclarmos esse preconceito, viveremos sob a sua ditadura (controle absoluto) e, assim, engessamos a inteligência e nos fechamos para outras possibilidades de pensar.

Quando vivemos sob a ditadura do preconceito, aprisionamos o pensamento, criamos verdades que não são verdades e nos tornamos radicais. Há três grandes tipos de preconceitos que geram a ditadura da inteligência: o histórico, o tendencioso e o radical. Este livro não pretende entrar em detalhes sobre esses tipos de preconceitos.

À medida que adquirimos cultura, começamos a enxergar o mundo de acordo com os preconceitos históricos, ou seja, com os conceitos, paradigmas e parâmetros contidos nessa cultura. Se um psicanalista vê o mundo apenas com os olhos da psicanálise, ele se fecha para outras possibilidades de pensar. Do mesmo modo, se um cientista, ou um professor, um executivo, um pai, um jornalista, vê o mundo apenas através dos preconceitos contidos em sua memória, pode estar sob a ditadura do preconceito, ainda que não tenha consciência disso.

As pessoas que vivem sob a ditadura do preconceito não apenas podem violar os direitos dos outros e travar seu desempenho intelectual como também ferir as suas próprias emoções e experimentar uma fonte de angústia. Elas se tornam implacáveis e radicais com os seus próprios erros. Estão sempre se punindo e exigindo de si mesmas um perfeccionismo inatingível.

Os preconceitos estão contidos na memória, mas, se não aprendermos a nos interiorizar e aplicar a arte da dúvida e da crítica neles, podemos nos tornar autoritários, agressivos, violar tanto os direitos dos outros como os nossos. Por que nossa maneira de pensar é, às vezes, radical e inquestionável? Porque nos comportamos como semideuses. Raciocinamos como seres absolutos, que não duvidam do que pensam, que não se reciclam. Quem conhece minimamente a grandeza e a sofisticação do funcionamento da mente humana vacina-se contra a ditadura do preconceito. Convém lembrar que o preconceito individual pode se disseminar e se tornar um preconceito social, um paradigma coletivo.

Como Cristo lidava com a ditadura do preconceito? Ele era uma pessoa tolerante e sem preconceito? Conseguia compreender e valorizar o ser humano independentemente da sua moralidade, dos seus erros, da sua história?

As biografias de Jesus evidenciam que ele era uma pessoa aberta e inclusiva. Não classificava as pessoas. Ninguém era indigno de se relacionar com ele, por pior que fosse seu passado.

Os fariseus e escribas na época de Cristo eram especialistas na ditadura do preconceito. Para eles, suas verdades eram eternas, o mundo era apenas do tamanho de sua cultura. Rígidos na maneira de pensar, viviam num cárcere intelectual. Não usavam a arte da dúvida contra os seus preconceitos para se esvaziarem intelectualmente e se abrirem para outras possibilidades de pensar. Por isso, não podiam aceitar alguém como Jesus, que derrubava todos os dogmas da época e introduzia uma nova maneira de ver a vida e compreender o mundo.

Vejamos um exemplo de como Cristo lidava com a ditadura do preconceito.

Havia uma mulher samaritana cuja moral era considerada da pior qualidade. Ela vivera uma história incomum, totalmente fora dos padrões éticos da sua sociedade. Teve tantos "maridos" (cinco) que talvez tenha batido o recorde na sua época. Era uma pessoa infeliz e insatisfeita. Sua necessidade contínua de mudar de parceiro sexual era uma evidência clara da sua dificuldade de sentir prazer, pois ninguém a completava, as relações interpessoais que construía eram frágeis e sem raízes. Era angustiada interiormente e rejeitada exteriormente. Os próprios samaritanos provavelmente desviavam o olhar dela. Entretanto, um dia, algo inesperado aconteceu. Quando ela estava tirando água de um poço, apareceu uma pessoa no calor do dia e mudou a história de sua vida. Cristo surgiu naquele momento e, para espanto da mulher, travou um diálogo com ela em que a considerou de maneira especial, como um ser humano digno do maior respeito.

Samaria era uma região habitada por uma mistura de judeus com outros povos (os gentios). Os "judeus puros" rejeitavam os "samaritanos impuros" (*João 4:4-11*). Os samaritanos não reconheciam Jerusalém como centro de adoração a Deus. A mistura racial dos samaritanos e o seu desprezo pelos dogmas religiosos eram insuportáveis para os judeus. A discriminação contra os samaritanos era tão drástica que quando os judeus queriam ofender a origem de uma pessoa a chamavam de samaritana.

Quando Cristo apareceu diante daquela mulher, ela tinha plena consciência da discriminação dos judeus e esperava que ele, sendo um "judeu puro", certamente a rejeitasse, não lhe dirigisse uma palavra. Porém, ele começou a dialogar longamente com ela. A mulher ficou impressionada com sua atitude e ninguém conseguia entender como ele rompera uma discriminação tão cristalizada. Jesus teve um diálogo profundo, elegante e acolhedor com a samaritana. Não apenas rompeu a ditadura do preconceito racial, mas também a do preconceito moral. Para ele, aquela mulher era, acima de tudo, um ser humano, independentemente da sua raça e da sua moral. Dificilmente alguém foi tão acolhedor com pessoas consideradas tão indignas.

Não terei espaço neste livro para discorrer sobre a profundidade do diálogo que Cristo manteve com a samaritana, mas gostaria de destacar a dimensão do seu gesto. Ele não apenas acolheu e dialogou com aquela mulher como teve a coragem de fazer algo que nenhum fariseu ou mesmo um habitante de sua cidade seria capaz, ou seja, elogiá-la. Quando ele perguntou por seu marido, ela respondeu que não tinha marido. Jesus elogiou a sua franqueza, a sua honestidade (*João 4:17-18*). E comentou que ela tivera cinco maridos e que o homem com quem vivia não era seu marido. Que homem é esse que, no caos da moralidade, é capaz de exaltar as pessoas?

Além de elogiá-la, Cristo lhe disse que ela vivia insatisfeita, que precisava experimentar um prazer mais profundo que pudesse saciá-la. Ele a intrigou ao dizer que a água que ela estava tirando daquele poço saciava-a por pouco tempo, mas que ele possuía uma "fonte de água" que poderia satisfazê-la para sempre. Realmente seu discurso foi perturbador e incomum.

A samaritana ficou extasiada com a gentileza e a proposta inusitada de Cristo. Isso era demais para uma pessoa tão discriminada socialmente. Talvez nunca alguém lhe tivesse dado tanta atenção e se preocupado com sua felicidade. Todos a julgavam por seu comportamento, mas ninguém provavelmente havia investigado o que se passava no seu íntimo. Por isso, de repente, ela largou o seu cantil, esqueceu-se de sua sede física, afastou-se de Jesus e correu para a sua aldeia, animada e alegre. Parecia que a solidão, a angústia e o isolamento que a encarceravam e geravam uma intensa sede psíquica foram rompidos. Contou aos habitantes da sua pequena aldeia o diálogo incomum que tivera com Cristo.

Ela estava tão alegre que nem se importou em assumir publicamente a sua história. Aqui há um princípio interessante e sofisticado. Todas as pessoas que ficavam íntimas de Cristo perdiam espontaneamente o medo de assumir a sua história, se interiorizavam e se tornavam fortes em reconhecer suas fragilidades, o que as deixava emocionalmente saudáveis.

A samaritana dizia a todos que havia encontrado alguém que

falara sobre sua história de vida (*João 4:28-30*). E dizia que ele era o Cristo que devia vir ao mundo, o Cristo esperado por Israel. Nessa passagem, ele não fez nenhum milagre. Porém, teve gestos profundos e sublimes. Rompeu a ditadura do preconceito, destruiu toda forma de discriminação e considerou o ser humano especial, independentemente da sua história, da sua moral, dos seus erros, da sua raça.

As ciências poderiam ter sido enriquecidas com os princípios da inteligência de Cristo

Se os princípios sociológicos, psicológicos e educacionais contidos na inteligência de Cristo tivessem sido investigados e conhecidos, poderiam ter sido usados em toda a esfera educacional, do ensino fundamental à universidade. Esses princípios, independentemente da questão teológica, poderiam ter enriquecido a sociedade moderna, que vem sendo irrigada por discriminações e múltiplas formas de violência.

Esses princípios podem ser muito úteis para a preservação dos direitos fundamentais do ser humano, para desbloquear a rigidez intelectual e para garantir a liberdade de pensar. Eles estimulam a inteligência e até mesmo a arte de se repensar.

A inteligência de Cristo abre preciosas janelas que promovem o desenvolvimento da cidadania e da cooperação social. Ela também é capaz de expandir a qualidade de vida, superar a solidão e enriquecer as relações sociais. Na sociedade moderna o ser humano vive ilhado dentro de si mesmo, envolvido num mar de solidão. A solidão é drástica, insidiosa e silenciosa. Falamos eloquentemente do mundo em que estamos, mas não sabemos falar do mundo que somos, de nós mesmos, dos nossos sonhos, dos nossos projetos mais íntimos. Não sabemos discorrer sobre nossas fragilidades, nossas inseguranças, nossas experiências fundamentais.

O ser moderno é prolixo para comentar o mundo em que está, mas emudece diante do mundo que é. Por isso, vive o paradoxo da solidão. Trabalha e convive com multidões, mas, ao mesmo tempo, está isolado dentro de si.

Muitos só conseguem falar de si mesmos diante de um psiquiatra ou de um psicoterapeuta, profissionais que tratam não apenas de doenças psíquicas como depressões e síndromes do pânico, mas também de uma importante doença psicossocial: a solidão. Porém, não há técnica psicoterápica que resolva a solidão. Não há antidepressivos e tranquilizantes que aliviem a dor que ela traz.

Um psiquiatra e um psicoterapeuta podem ouvir intimamente um cliente, mas a vida não transcorre dentro dos consultórios terapêuticos. O palco da existência transcorre do lado de fora. No terreno árido das relações sociais é que a solidão deve ser tratada. É no mundo exterior que devemos construir canais seguros para falar de nós mesmos, sem preconceitos, sem medo, sem necessidade de ostentar o que temos. Falar demonstrando apenas aquilo que somos.

O que somos? Somos uma conta bancária, um título acadêmico, um status social? Não. Somos o que sempre fomos, seres humanos. As raízes da solidão começam a ser tratadas quando aprendemos a ser apenas seres humanos. Parece contraditório, mas temos grandes dificuldades em retornar às nossas origens.

O diálogo em todos os níveis das relações humanas está morrendo. As relações médico/paciente, professor/aluno, executivo/funcionário, jornalista/leitor, pai/filho carecem frequentemente de profundidade. Falar de si mesmo? Aprender a se interiorizar e buscar ajuda mútua? Remover nossas máscaras sociais? Isto parece difícil de ser alcançado. Talvez fosse melhor ficar ligado na TV, plugado nos computadores e viajar pela internet!

Auxiliei, como psiquiatra e psicoterapeuta, diversas pessoas das mais diferentes condições socioeconômicas e nacionalidades.

Percebi que, embora gostemos de nos classificar e nos medir pelo que possuímos, temos uma sede intrínseca de encontrar nossas raízes como seres humanos. Os prazeres mais ricos da existência – a tranquilidade, as amizades, o diálogo que troca experiências existenciais, a contemplação do belo – são conquistados pelo que somos, e não pelo que temos.

Cristo criou ricos canais de comunicação com seus íntimos. Tratou das raízes mais profundas da solidão. Construiu um relacionamento aberto, ricamente afetivo, sem preconceitos. Valorizou elementos que o poder econômico não pode comprar, que estão no cerne das aspirações do espírito humano, no âmago dos pensamentos e das emoções.

Cristo reorganizou o processo de construção das relações humanas entre seus discípulos. As relações interpessoais deixaram de ser um teatro superficial para serem fundamentadas num clima de amor poético, regado a solidariedade, em busca de ajuda mútua, de um diálogo agradável. Os jovens pescadores que o seguiram, tão limitados culturalmente e com um mundo intelectual tão pequeno, desenvolveram a arte de pensar, conheceram os caminhos da tolerância, aprenderam a ser fiéis às suas consciências, vacinaram-se contra a competição predatória, superaram a ditadura do preconceito, aprenderam a trabalhar suas dores e suas frustrações, enfim, desenvolveram as funções mais importantes da inteligência. A sociologia, a psicologia e a educação poderiam ser mais ricas se tivessem estudado e incorporado os princípios sociológicos e psicossociais da inteligência de Cristo.

CAPÍTULO 4

Se Cristo vivesse hoje, abalaria os fundamentos da psiquiatria e da psicologia

Cristo abalou o pensamento da sociedade em que viveu e rompeu os parâmetros sociais reinantes em sua época. Era quase impossível ter uma atitude de indiferença na sua presença. As pessoas que o conheciam ou o amavam muito ou o rejeitavam drasticamente. Diante das suas palavras, elas se perturbavam intensamente ou abriam as janelas de suas mentes e começavam a enxergar a vida de maneira totalmente diferente. Se ele tivesse vivido nos dias de hoje, causaria turbulência social, chocaria a política e a ciência? Suas ideias continuam intrigantes na atualidade? Será que seus pensamentos abalaram a sociedade em que viveu em razão da falta de cultura de sua época, ou ainda hoje perturbariam os intelectuais e o pensamento acadêmico? Que dimensão têm os seus pensamentos? Que alcance têm o seu propósito, o seu projeto transcendental?

Responder a essas perguntas é muito importante. Este é o objetivo deste e dos dois capítulos seguintes. Temos de investigar se o pensamento de Cristo não foi superdimensionado ao longo do tempo. Ele discursou com eloquência sobre a ansiedade, mas que impacto tem seu discurso sobre o prazer pleno na psiquiatria?

Para respondermos a essas perguntas devemos simular algumas situações. Precisamos transportar Cristo para os dias de hoje e imaginá-lo reagindo e proferindo suas palavras em diversos eventos da sociedade moderna. E temos de imaginar uma sociedade desprovida de qualquer cultura cristã. Vejamos algumas situações possíveis.

A intrepidez de Cristo. O discurso do prazer pleno

Vamos imaginar Cristo participando de um congresso internacional de psiquiatria cujos temas principais são a incidência, as causas e o tratamento das doenças depressivas.

Milhares de psiquiatras estão reunidos. Diversos conferencistas discorrem sobre os sintomas básicos dos episódios depressivos, sobre o efeito dos antidepressivos e sobre o metabolismo dos neurotransmissores, como a serotonina, na gênese das depressões.* Não há grandes novidades, mas todos estão ali reunidos tentando garimpar algumas ideias novas. Ali se encontram também alguns psicoterapeutas abordando as técnicas mais eficientes no tratamento dessas doenças.

Quem mais está naquele congresso? Sem dúvida, os representantes da indústria farmacêutica. Não devemos nos esquecer de que bilhões de dólares são gastos anualmente no tratamento farmacoterápico (medicamentoso) das depressões. Portanto, os grandes laboratórios estão ali bem representados, fornecendo um rico material didático para evidenciar que o seu antidepressivo é o mais eficiente e o que produz menos efeitos colaterais. Uma verdadeira guerra científica e comercial é travada nesse evento.

Agora, vamos recordar alguns pensamentos de Cristo que foram expostos por ocasião do grande dia da festa do taberná-

---

* Kaplan, Harold I.; Sadoch, Benjamin J. *Compêndio de psiquiatria*. Porto Alegre: Artes Médicas, 1997.

culo, uma comemoração anual da tradição judaica. Jesus proferiu pensamentos que abalaram a inteligência de todas as pessoas presentes naquela ocasião.

Na época, escribas e fariseus já tencionavam matá-lo. Ele já havia corrido sérios riscos de ser apedrejado. Reuniões eram feitas para saber como prendê-lo e tirar-lhe a vida. A melhor atitude que Cristo poderia assumir era se ocultar, não estar presente naquela festa ou, se estivesse, comportar-se silenciosamente, com o máximo de discrição. Todavia, a sua coragem era impressionante, como se o medo fosse uma palavra excluída do dicionário de sua vida.

Quando todos pensavam que diante daquela delicada situação ele ficaria em silêncio, no último dia da festa ele se levantou e, com intrepidez, bradou em voz altissonante para toda a multidão: "*Se alguém tem sede, venha a mim e beba, porque quem crer em mim do seu interior fluirão rios de águas vivas*" (*João 7:37-39*). Suas palavras ecoaram profundamente no âmago das pessoas que as ouviram, tanto das que o amavam quanto das que o odiavam. Todas ficaram atônitas, pois mais uma vez ele proferia palavras incomuns e até inimagináveis.

Cristo, naquele momento, não falou de regras de comportamento, de crítica à imoralidade, de conhecimento religioso. Discursou sobre a necessidade de termos prazer no seu mais pleno sentido. Teve a coragem de dizer que podia gerar no cerne do ser humano um prazer que flui continuamente, uma satisfação plena, um êxtase emocional, capaz de resolver a angústia existencial das pessoas. Creio que suas palavras não têm precedente histórico, ou seja, ninguém jamais expressou pensamentos com esse conteúdo.

Possivelmente ele queria dizer que, apesar de todos estarem alegres no último dia de festa, no dia seguinte terminaria aquele ciclo festivo e, a partir daí, o prazer diminuiria e as tensões do dia a dia retornariam. Cristo tocava pouco na questão moral e muito nas raízes da psique humana, pois para ele aí estava o problema das misérias do ser humano.

Ele dava a entender que sabia que a psique humana é um campo de energia que possui um fluxo contínuo e inevitável de pensamentos e emoções e que esse fluxo constitui a maior fonte de entretenimento humano. Porém, queria transformar essa fonte, enriquecê-la, torná-la estável e contínua. Em seu sofisticado diálogo com a samaritana, abordou o enriquecimento desse fluxo vital em contraste com a insatisfação existencial produzida pelo insucesso humano ao tentar conquistar uma fonte contínua de prazer.

O homem saudável

Agora, retornemos ao nosso congresso de psiquiatria e imaginemos Cristo proferindo as mesmas palavras. É o último dia do congresso. O mais proeminente catedrático discursa na mais interessante conferência sobre depressão. O auditório está cheio. A plateia está atenta. O conferencista termina sua palestra e inicia o debate sobre o assunto abordado. De repente, um homem sem qualquer aparência especial, que não usava terno e gravata, pega o microfone e com uma intrigante ousadia brada com voz estridente que possui os segredos de como fazer o ser humano plenamente alegre, satisfeito e feliz.

Como os psiquiatras, os psicoterapeutas e os cientistas das neurociências reagiriam diante dessas palavras? Antes de começarmos a avaliar o impacto que elas causariam, precisamos tecer algumas considerações sobre os atuais estágios da psiquiatria e da psicologia. O tema do congresso são os vários tipos de depressão. Muitas vezes, a depressão é considerada o último estágio da dor humana. Nesses casos, é mais intensa do que a dor da fome. Uma pessoa faminta ainda preserva o instinto de viver, e por isso até revira o lixo para sobreviver, enquanto pessoas deprimidas podem, mesmo diante de uma mesa farta, não ter apetite nem desejo de viver. A dor emocional da depressão é, às vezes, tão intensa e dramática que não há palavras para descrevê-la.

Frequentemente só compreende a dimensão da dor da depressão quem já passou por ela. Além do humor deprimido, as doenças depressivas têm uma rica sintomatologia. São acompanhadas de ansiedade, desmotivação, baixa autoestima, isolamento social, insônia, apetite alterado (diminuído ou aumentado), fadiga excessiva, libido alterada, ideias de suicídio, etc.

Precisamos considerar que, no estágio atual de desenvolvimento da psiquiatria e da psicologia, tratamos da doença depressiva, mas não temos muitos recursos para prevenir a depressão. Tratamos da pessoa doente, deprimida, mas sabemos pouco sobre como preservar a pessoa sadia, prevenir o primeiro episódio depressivo. A psiquiatria e a psicologia clínica tratam com relativa eficiência os transtornos depressivos, obsessivos, a síndrome do pânico, mas não são capazes de trazer de volta a alegria, o sentido existencial, o prazer de viver. Não sabem como promover a saúde do ser humano total, como torná-lo um investidor em sabedoria, como desenvolver as funções mais importantes da inteligência.

Prevenir os episódios depressivos e reciclar as influências genéticas para o humor deprimido através do desenvolvimento da arte de pensar, do gerenciamento dos pensamentos negativos, da capacidade de trabalhar os estímulos estressantes ainda é um sonho no atual estágio da psiquiatria. Do mesmo modo, expandir a capacidade de sentir prazer diante dos pequenos estímulos da rotina diária, aprender a se interiorizar e viver uma vida plenamente tranquila na turbulenta escola da existência também parecem um sonho no atual estágio da psicologia.

O discurso de Cristo abalaria a psiquiatria e a psicologia

Então, imaginemos Cristo, no atual estágio da psiquiatria e da psicologia, participando daquele congresso científico. De repente, ele se levanta e afirma que se alguém crer nele, se viver o tipo de vida que ele propõe, do seu interior jorrará um prazer inesgotável, fluirá um "rio" de satisfação plena, capaz de irrigar toda a sua trajetória de vida. Certamente todos os presentes naquele congresso ficariam chocados com tais pensamentos. Todos ficariam se perguntando como esse homem teve a coragem de afirmar que possui o segredo de como fazer fluir do âmago da mente humana um sentido existencial pleno. Que pensamentos são esses? Como é possível alcançar tal experiência de prazer? Suas palavras causariam um grande escândalo, provocando protestos de muitos e, ao mesmo tempo, profunda admiração em alguns!

Ele não seria condenado à morte como na sua época, pois as sociedades modernas se democratizaram, mas, se insistisse nessa ideia, seria expulso daquele evento ou seria tachado de paciente psiquiátrico. Mas como alguém pode ser criticado por dizer palavras tão ousadas e impensáveis e, ao mesmo tempo, ser intelectualmente lúcido, emocionalmente tranquilo, capaz de entender os sentimentos humanos mais profundos e de superar as ditaduras da inteligência? Cristo, de fato, é um mistério.

Em algumas ocasiões, Cristo proferia pensamentos totalmente incomuns que eram cercados de enigmas, fugindo completamente à imaginação humana. Embora ele tocasse na necessidade íntima de satisfação do ser humano, suas palavras eram surpreendentes, inesperadas. Se o investigarmos criteriosamente, constataremos que, ao contrário do que muitos pensam, seu desejo não era produzir regras morais, ideias religiosas, corrente filosófica, mas transformar a natureza humana, introduzi-la numa esfera de prazer e sentido existencial. Provavelmente, nunca ninguém discursou com tanta eloquência sobre essas necessidades fundamentais do ser humano.

Cristo era audacioso. Sabia que suas palavras abalariam a inteligência da sua época e, por certo, das gerações seguintes, mas ainda assim não se intimidava, pois era fiel ao seu pensamento. Falava com segurança e determinação aquilo que estava dentro de si mesmo, ainda que deixasse muitas pessoas confusas diante das suas palavras ou corresse risco de morte.

Se essas palavras fossem ditas na atualidade, alguns psiquiatras ficariam tão perturbados ao ouvi-las que talvez comentassem entre si: "Quem é esse homem que proclama tais ideias? Estamos na era dos antidepressivos que atuam no metabolismo da serotonina e de outros neurotransmissores. Só conseguimos atuar na miséria do paciente psiquicamente doente, não sabemos fazer dele um ser mais contemplativo, solidário e feliz. Como pode alguém ter a pretensão de propor uma vida emocional e intelectual intensamente rica e plena de qualidade?" Outros talvez comentassem: "Se não sabemos como estancar as nossas próprias angústias, as nossas próprias crises existenciais, como pode alguém propor um prazer pleno, incessante, que jorra do interior das pessoas?"

Cristo, de fato, disse palavras inatingíveis no atual estágio da ciência. Suas metas em relação ao prazer e ao sentido existencial são tão elevadas que representam um sonho ainda não sonhado pela psiquiatria e pela psicologia do século XXI. Suas propostas são muito atraentes e vão ao encontro das necessidades mais íntimas da espécie humana, que, apesar de possuir o espetáculo da construção de pensamentos, é tão desencontrada, submete-se a tantas doenças psíquicas, tem dificuldade de contemplar o belo e viver um prazer estável.

Crer ou não nas palavras de Cristo é uma questão pessoal, íntima, pois seus pensamentos fogem à investigação científica, extrapolam a esfera dos fenômenos observáveis.

As ideias e intenções de Cristo, ao mesmo tempo que representam uma belíssima poesia que qualquer ser humano gostaria de recitar, abalam a maneira como compreendemos a vida. Ele não apenas chocou profundamente a cultura da sua época como, se tivesse vivido nos dias de hoje, também perturbaria a ciência e a cultura modernas.

CAPÍTULO 5

Cristo perturbaria o sistema político

Cristo queria produzir uma revolução no interior do ser humano

Cristo tinha conhecimento da miséria social do ser humano e da ansiedade que estava na base da sua sobrevivência. Queria mesmo aliviar essa carga de ansiedade e tensão que carregamos em nossa trajetória de vida (*Mateus 6:25-34*). Embora tivesse plena consciência da angústia social e do autoritarismo político que as pessoas viviam em sua época, ele detectava uma miséria mais profunda do que a sociopolítica, uma miséria presente no íntimo do ser humano e fonte de todas as outras misérias e injustiças humanas.

Cristo atuava pouco nos sintomas; seu desejo era atacar as causas fundamentais dos problemas psicossociais da espécie humana. Por isso, ao estudar o seu propósito mais ardente, compreendemos que sua revolução não era política, mas íntima, clandestina. Uma mudança que inicia no espírito humano e se expande para toda a sua psique, renovando a sua mente, expandindo a sua inteligência, transformando intimamente a maneira como o ser humano compreende a si mesmo e o mundo que o circunda, garantindo, assim, uma modificação psíquica e social estável.

Cristo pregava que somente por meio dessa revolução silenciosa e íntima seríamos capazes de vencer a paranoia do materialismo não inteligente e do individualismo e desenvolver os sentimentos mais altruístas da inteligência, como a solidariedade, a cooperação social, a preocupação com a dor do outro, o prazer contemplativo, o amor como fundamento das relações sociais.

Quem pode questioná-lo? A história tem confirmado, ao longo das sucessivas gerações, que ele tinha razão. O comunismo ruiu e não produziu o paraíso dos proletários. O capitalismo gerou um grande desenvolvimento tecnológico e socioeconômico. Todavia, o capitalismo precisa de inúmeras correções, pois é sustentado pela paranoia da competição predatória, pelo individualismo, pela valorização da produtividade acima das necessidades intrínsecas da humanidade. A democracia, que tem sido uma das mais importantes conquistas da inteligência humana por garantir o direito à liberdade de pensar e se expressar, não estancou algumas chagas psicossociais fundamentais da sociedade moderna como a violência psicológica, as discriminações, a farmacodependência, a exclusão social.

Agora vamos retornar ao ambiente em que Cristo vivia. Como expliquei, ele procurou realizar uma revolução clandestina na psique e no espírito humanos. Por diversas vezes, demonstrou claramente que o seu trono não estava em Jerusalém. Para espanto de todos, declarou que seu reino se localizava no interior de cada ser humano. Jerusalém era a capital cultural e religiosa de Israel, onde escribas e fariseus, que eram os líderes políticos e os intelectuais da época, amavam, como alguns políticos de hoje, os melhores lugares nos banquetes, o status e o brilho social (*Mateus 23:5-7*).

Cristo sabia que em Jerusalém esses líderes jamais aceitariam essa revolução interior, jamais aceitariam essa mudança na natureza humana, essa transformação no pensamento e na maneira de ver o mundo. De fato, sua proposta, ao mesmo tempo bela e atraente, era ousadíssima. Conduzir as pessoas a se interiorizar e reciclar seus paradigmas e conceitos culturais é uma tarefa quase impossível quando elas são intelectualmente rígidas e fechadas. Ele sabia e previa que, quando abrisse a boca, a cúpula de Israel iria odiá-lo, rejeitá-lo e persegui-lo. Por isso, passou um longo período na Galileia antes de ir para Jerusalém.

Israel traiu seu desejo histórico de liberdade

Israel sempre preservou sua identidade como nação e valorizou intensamente sua liberdade e independência. Seu povo tem uma história incomum e, em certo sentido, poética. Abraão, o patriarca desse povo, deixou com intrepidez a conturbada terra de Ur dos caldeus e foi em busca de uma terra desconhecida.

Abraão era um homem íntegro e determinado. Ele deu origem a Isaque. Isaque deu origem a Jacó, que recebeu o nome de Israel, que significa "príncipe de Deus". Israel teve 12 filhos, que deram origem a 12 tribos. Da tribo de Judá saíram os reis de Israel. O nome "judeu" deriva da tribo de Judá. As raízes milenares desse povo culturalmente rico impediam que ele se submetesse ao jugo de qualquer imperador. Apenas a força agressiva dos impérios sufocava o ardente desejo de liberdade e independência dessa nação.

Em razão do seu desejo compulsivo de liberdade, o povo de Israel passou por situações dramáticas em alguns períodos históricos, como no tempo de Calígula. Caio Calígula era um imperador romano agressivo, desumano e ambicioso. Além de ter mandado matar vários senadores romanos, destruído seus amigos e violado os direitos dos povos que subjugava, ambicionava se passar por "deus". Desejava que todos os povos se dobrassem diante dele e o adorassem. Para o povo judeu, esse tipo de adoração era inadmissível e insuportável. Caio sabia dessa resistência e odiava a sua audácia e insubordinação.* Os judeus, mesmo combalidos, desterrados, errantes e ameaçados de passar por uma faxina étnica, foram praticamente os únicos que não se dobraram aos pés de Caio. A liberdade, para esse povo, não tinha preço.

Flávio Josefos, um brilhante historiador que viveu no século I desta era, nos relata uma história dramática pela qual esse povo de Israel passou por causa do desejo de preservar sua independência. O povo de Israel era considerado um corpo estranho no vasto domínio de Roma e tinha frequentes reações contra esse império. No ano 70 d.C., os judeus novamente se revoltaram e se sitiaram dentro de Jerusalém. Tito, general romano, foi encarregado de debelar o foco de resistência e retomar Jerusalém. Os judeus podiam render-se ou resistir e lutar. Preferiram a resistência e a luta. Tito cercou Jerusalém e iniciou uma das mais sangrentas guerras da história.

Os judeus resistiram além de suas forças. A fome, a angústia e a miséria foram enormes. Morreram tantos judeus, que a cidade ficou impregnada de mau cheiro. Pisava-se em cadáveres nas ruas. Por fim, Jerusalém foi destruída e o que restou do povo foi levado como cativo, e dispersado.**

Esses exemplos mostram o desejo desesperado do povo judeu de preservar sua liberdade, sua identidade e sua independência. Porém, houve uma época em que a cúpula judaica traiu seu desejo de liberdade e independência. É incrível constatar, mas Jesus perturbou tanto os líderes judeus com sua revolução interior e seus pensamentos, que eles preferiram um imperador gentio à liderança de Cristo que tinha raízes judaicas, embora afirmasse

---

* Josefos, Otávio. *História dos hebreus*. Rio de Janeiro: CPAD, 1998.
** *Idem, ibidem*.

que não queria o trono político. Israel preferiu manter a simbiose com o Império Romano a admitir Jesus como o Cristo.

A cúpula de Israel, na época de Cristo, desejou mais o poder sociopolítico do que a busca de liberdade e independência. Todavia, a imensa maioria do povo judeu provavelmente não concordava com essa postura. Havia até mesmo diversos membros da cúpula, como Nicodemos e José de Arimateia, que tinham grande apreço por Cristo e discordavam da sua injusta condenação. Entretanto, eles se calaram, pois temiam as consequências que sofreriam por acreditarem em Jesus.

Quando foi que a cúpula judaica traiu o desejo de liberdade e independência que movia há séculos o povo de Israel? Foi quando Pilatos, zombando dela, disse que não poderia crucificar o "rei dos judeus" (*Marcos 15:9*). Seus dirigentes ficaram indignados com o ultraje de Pilatos e por isso o pressionaram e suplicaram-lhe que crucificasse Cristo, dizendo que César é que era seu rei. Os judeus sempre rejeitaram drasticamente o domínio do Império Romano, mas naquele momento preferiram César a Cristo, um romano a um judeu.

Como disse, Jesus afirmava que queria um reino oculto dentro do ser humano. A liderança judia se sentia ameaçada por seus pensamentos. Seu plano era intrigante e complexo demais para ela. Seu propósito quebrava todos os paradigmas existenciais. Por isso, Cristo foi drasticamente rejeitado.

Alguns judeus dizem hoje que Cristo era uma pessoa querida e valorizada na sua época pela cúpula judaica. Porém, as biografias de Cristo são claras a esse respeito. Ele foi silenciado, odiado, zombaram dele, cuspiram-lhe no rosto, embora fosse amável, dócil e humilde, e ao mesmo tempo pronunciasse palavras chocantes, nunca ouvidas. Suas palavras se tornaram perturbadoras demais para serem analisadas, principalmente por aqueles que amavam o poder e não eram fiéis à sua própria consciência.

A síndrome de Pilatos

A cúpula judaica ameaçou denunciar Pilatos ao governo de Roma se ele não condenasse Jesus. Pilatos tinha um grande poder conferido pelo Império Romano: o de vida e de morte. Todavia, era um político fraco, omisso e dissimulado.

Ao inquirir Cristo, Pilatos não via injustiça nele (*Marcos 15:4*). Por isso, desejava soltá-lo, mas era frágil demais para suportar o ônus político dessa decisão. Assim, cedeu à pressão dos judeus. Entretanto, para mostrar que ainda detinha o poder político, fez uma pequena cena teatral: lavou as mãos. Pilatos se escondeu atrás do gesto de lavar as mãos. Não apenas cometeu um crime contra Cristo, mas também contra si mesmo, contra a fidelidade à sua própria consciência. Aquele que é infiel à sua própria consciência tem uma dívida impagável consigo mesmo.

A síndrome de Pilatos tem varrido os séculos e contaminado alguns políticos. É muito mais fácil se esconder atrás de um discurso eloquente do que assumir com honestidade seus atos e suas responsabilidades sociais. A síndrome de Pilatos se caracteriza pela omissão, dissimulação, negação do direito, da dor e da história do outro.

Cristo era seguido pelas multidões. Por onde passava havia um grupo de pessoas despertadas por ele. As multidões se aglomeravam ao seu redor. Isso causava grande ciúme na cúpula judaica.

Pessoas de todos os níveis o procuravam para ouvir aquele homem amável e ao mesmo tempo instigante e determinado. Procuravam conhecer os mistérios da existência, ansiavam pela transformação íntima, clandestina, que ele proclamava.

Os relatos demonstram que, certa vez, mais de cinco mil homens o seguiram, e em outra ocasião mais de quatro mil, sem contar mulheres e crianças (*Mateus 14:13-21; Marcos 6:30-44*). Tratava-se de um fenômeno social espetacular. Provavelmente nunca um homem que vivera naquela região havia despertado tanto o ânimo das pessoas. Nunca um homem sem qualquer aparência especial ou propaganda foi seguido de maneira tão apaixonada e calorosa pelas multidões.

Os dirigentes judeus estavam muito preocupados com o movimento social em torno de Cristo. Tinham medo de que ele desestabilizasse a simbiose entre a liderança de Israel e o Império Romano. Por isso, ele tinha que ser eliminado.

A liderança judaica nem sequer cogitou acerca da linhagem de Cristo, de suas origens. Não se preocupou em questioná-lo honestamente. Para ela, ele não tinha derramado lágrimas, não possuíra uma família, não tivera infância, não sofrera, não construíra relacionamentos, enfim, não tinha história. A ditadura do preconceito anula a história das pessoas. Cristo tinha de morrer, não importava quem ele fosse.

Cristo abalaria qualquer sistema político sob o qual tivesse vivido

A liderança judaica não se importou em sujar as mãos arrumando testemunhas falsas. O importante era condenar Cristo. Porém, como não havia coerência entre as testemunhas, não conseguiram argumentos plausíveis para condená-lo (*Mateus 26:59-61*).

São atípicos os paradoxos que envolvem a história de Cristo. Ninguém falou do amor como ele e, ao mesmo tempo, ninguém foi tão odiado como ele.

Cristo se doou e se preocupou ao extremo com a dor do "outro", mas ninguém se preocupou com a sua dor. Foi ferido e rejeitado sem oferecer motivos para tanto. Era tão dócil, e sofreu tanta violência. Não queria o trono político, mas o trataram como se fosse o mais agressivo dos revolucionários.

Se Cristo vivesse nos dias de hoje, também seria uma ameaça para o governo local? Seria drasticamente rejeitado? Provavelmente, sim. Embora preferisse o anonimato e não fizesse propaganda de si mesmo, não conseguia se esconder. É impossível esconder alguém que fale o que ele falou e faça o que ele fez. Se naquela época em que a comunicação era restrita e não havia imprensa ele era seguido por multidões, podemos imaginar como seria nos dias de hoje.

Se Cristo vivesse hoje, a imprensa escrita o estamparia nas primeiras páginas e os jornais televisivos teriam uma equipe de plantão 24 horas acompanhando-o. Ele seria o maior fenômeno social e geraria os fatos jornalísticos mais importantes.

Hoje, a população que o seguiria poderia ser multiplicada por 10, 50, 100 ou muito mais. Imaginemos 100 mil ou 500 mil pessoas seguindo-o: isso causaria um tumulto social sem precedentes. O governo local o consideraria um conspirador contra o sistema político. Além disso, o fato de Cristo procurar se isolar toda vez que era muito assediado, de ser muito sensível às misérias físicas e psíquicas, de estar sempre procurando aliviar a dor do outro, de tocar profundamente nos sentimentos humanos e de não fazer acordos com qualquer tipo de político já causaria incômodo a qualquer governo que, por mais democrático que fosse, teria conchavos nos seus bastidores.

Para alguns políticos, ele seria condenado por pôr em risco o regime; para outros, por representar uma ameaça aos ganhos secundários do poder. Cristo abalaria qualquer governo em qualquer época em que vivesse. Seu desejo de libertar o ser humano dentro de si mesmo e sua revolução interior não seriam compreendidos por nenhum sistema político.

CAPÍTULO 6

O discurso de Cristo deixaria a medicina atual atônita e tocaria na maior crise existencial do ser humano

A crise existencial gerada pelo fim do espetáculo da vida

A morte física faz parte do ciclo natural da vida, mas a morte da consciência humana é inaceitável. Só a aceitam aqueles que nunca refletiram minimamente sobre as suas consequências psicológicas e filosóficas, ou aqueles que nunca sofreram a dor indescritível da perda de alguém que se ama.

É aceitável o caos que desorganiza e reorganiza a matéria. Tudo no universo organiza-se, desorganiza-se e reorganiza-se novamente. Todavia, para o ser humano pensante, a morte estanca o show da vida, produzindo a mais grave crise existencial de sua história. A vida física morre e se descaracteriza, mas a vida psicológica clama pela continuidade da existência. Ter uma identidade, possuir o espetáculo da construção dos pensamentos e ter consciência de si mesmo e do mundo que nos cerca são direitos personalíssimos, que não podem ser alienados e transferidos por dinheiro, circunstâncias ou pacto social ou intelectual algum.

Se uma doença degenerativa do cérebro ou um traumatismo craniano podem, às vezes, comprometer profundamente a memória e trazer consequências dramáticas para a capacidade de pensar, podemos imaginar quais seriam as consequências do caos da morte. No processo de decomposição, o cérebro é esmigalhado em bilhões de partículas, esfacelando os mais ricos segredos que sustentam a personalidade e os segredos da história da existência contida na memória.

É inconcebível a ruptura do pulsar da vida. É insuportável a inexistência da consciência, o fim da capacidade de pensar. A inteligência humana não consegue entender o fim da vida. Existem áreas que o pensamento consciente jamais conseguirá compreender de forma adequada, a não ser no campo da especulação intelectual. Uma delas é o pré-pensamento, ou seja, os fenômenos inconscientes que formam o pensamento consciente. O pensamento não pode apreender o pré-pensamento, pois todo discurso sobre ele nunca será o pré-pensamento em si, mas o pensamento já elaborado.

Outra coisa incompreensível pelo pensamento é a consciência do fim da existência. O pensamento nunca atinge a consciência da morte como o "fim da existência", o "nada existencial", pois o discurso dos pensamentos sobre o nada nunca é o nada em si, mas uma manifestação da própria consciência. Por isso, a pessoa que comete um ato de suicídio não tem consciência da morte como fim da vida. Os que pensam em suicídio não querem de fato matar a vida, dar fim à existência, mas "matar" a dor emocional, a angústia, o desespero que abate suas emoções.

A ideia de suicídio é uma tentativa inadequada e desesperada de procurar transcender a dor da existência, e não pôr fim a ela. Só a vida tem consciência da morte. A morte não tem consciência de si mesma. A consciência da morte é sempre uma manifestação da vida, ou seja, é um sistema intelectual que discursa sobre a morte, mas nunca atinge a realidade em si.

A consciência humana jamais consegue compreender plenamente as consequências da inexistência da consciência, do silêncio eterno. Por isso, todo pensador ou filósofo que tentou, como eu, compreender o fim da consciência, o fim da existência, vivenciou um angustiante conflito intelectual.

Veremos que o pensamento de Cristo referente ao fim da existência tinha uma ousadia e uma complexidade impressionantes. Ele discursava sobre a imortalidade com uma segurança incrível.

A maioria dos seres humanos nunca procurou compreender algumas implicações psicológicas e filosóficas da morte, mas sempre resistiu intensamente a ela. Por que em todas as sociedades, mesmo nas mais primitivas, os homens criaram religiões? O fogo, um animal, um astro funcionavam como deuses para os povos primitivos projetarem os mistérios da existência. Pode-se dizer que a necessidade de uma busca mística (espiritual) é sinal de fraqueza intelectual, de fragilidade da inteligência humana? Não, pelo contrário, ela é sinal de grandeza intelectual. Expressa um desejo vital de continuidade do espetáculo da vida.

A filosofia e a possibilidade de transcender a finitude existencial

Muitos pensadores da filosofia produziram conhecimentos sobre a metafísica como tentativa de compreender os mistérios que cercam a existência. A metafísica é um ramo da filosofia que estuda o conhecimento da realidade divina pela razão, o conhecimento de Deus e da alma (Descartes),* enfim, investiga a natureza e o sentido da existência humana. Grandes pensadores como Aristóteles, Tomás de Aquino, Agostinho, Descartes e Kant discursaram de diferentes maneiras sobre a metafísica. Esses pensadores eram intelectualmente frágeis? De modo algum! Por pensar na complexidade da existência, eles produziram ideias eloquentes

---

* Valery, Paul. *O pensamento vivo de Descartes*. São Paulo: Martins Fontes/EDUSP, 1987.

sobre a necessidade intrínseca de o ser humano transcender os seus limites e, em certos casos, superar a finitude da vida. Muitos deles fizeram de Deus um dos temas fundamentais das suas discussões e indagações intelectuais.

Augusto Comte e Friedrich Nietzsche foram grandes filósofos ateus. Porém, é estranho que esses dois grandes ateus tenham produzido, em alguns momentos, uma filosofia com conotação mística. Comte queria estabelecer os princípios de uma religião universal, uma religião positivista.* Nietzsche discursava sobre a morte de Deus, porém no final de sua vida produziu *Assim falou Zaratustra*,** uma obra contendo princípios que regulavam a existência, tais como os provérbios de Salomão. Alguns veem nesse livro um esforço de última hora para recuperar a crença na imortalidade. Ninguém deve ser condenado por rever sua posição intelectual, pois, do ponto de vista psicológico e filosófico, há uma crise existencial intrínseca no ser humano diante do fim da existência.

A imprensa divulgou que Darcy Ribeiro, um dos grandes pensadores brasileiros, que sempre foi ateu declarado, pediu aos seus íntimos, momentos antes de morrer, que lhe dessem um pouco de fé. Tal pedido refletia um sinal de fraqueza desse ousado pensador? Não. Refletia a necessidade universal e incontida de continuidade do espetáculo da vida.

Há doenças psíquicas que geram uma fobia ou medo doentio da morte, como a síndrome do pânico e determinados transtornos obsessivos compulsivos (TOC). No "pânico" ocorre um dramático e convincente teatro da morte. Nele há uma sensação súbita e iminente de que se vai morrer. Tal sensação gera uma série de sintomas psicossomáticos como taquicardia, aumento da frequência respiratória e sudorese. Esses sintomas são reações metabólicas instintivas que tentam levar a pessoa a fugir da si-

---

* Comte, Augusto. *Discurso sobre o espírito positivo*. Porto Alegre: Globo, 1975.
** Nietzsche, Friedrich. *Assim falou Zaratustra*. Lisboa: Guimarães, 1977.

tuação de risco. Todavia, no "pânico" tal situação de risco é imaginária, apenas um teatro dramático que o "eu" deve aprender a gerenciar, às vezes com o auxílio de antidepressivos.

Nos TOC, principalmente naqueles que estão relacionados a ideias fixas de doenças, ocorrem também reações fóbicas diante da morte, que aqui também é imaginária. Nesses transtornos há uma produção de pensamentos de conteúdo negativo, não gerenciada pelo "eu", que fazem a pessoa ter ideias fixas de que está com câncer, de que vai sofrer um infarto, ter um derrame, etc. O TOC e a síndrome do pânico acometem pessoas de todos os níveis intelectuais.

A experiência imaginária da morte na síndrome do pânico e nos transtornos obsessivos causa uma ansiedade intensa, desencadeando uma série de sintomas psicossomáticos. Tais doenças podem e devem ser tratadas.

Apesar de haver doenças psíquicas que geram uma fobia doentia da morte, há uma fobia legítima, não doentia, ligada ao fim da existência, que psiquiatra ou medicamento algum podem eliminar. A vida só aceita o próprio fim se não estiver próxima desse fim. Caso contrário, ela o rejeita automaticamente ou então o aceita se estiver convencida da possibilidade de superá-lo.

O homem animal e o psicológico não aceitam a morte.
O equívoco intelectual do ateísmo de Marx

Nem o "homem animal ou instintivo" nem muito menos o "homem psicológico ou intelectual" aceitam a morte. Quando estamos correndo risco de morte, seja por uma dor, um ferimento, a ameaça de uma arma, um acidente, o "homem animal" surge com intensidade: os instintos são aguçados, o coração acelera, a frequência respiratória aumenta e surge uma série de mecanismos metabólicos para nos retirar da situação de risco de morte. Quando o homem animal aparece, o homem intelectual diminui, ou seja, fecha as janelas da inteligência, retraindo a lucidez e a coerência. Nesse caso, os instintos prevalecem sobre o pensamento.

Toda vez que estamos sob uma grande ameaça, ainda que seja imaginária, reagimos muito e pensamos pouco. Por vivermos numa sociedade doentia onde prevalecem a competição predatória, o individualismo e a crise de diálogo, criamos uma fábrica de estímulos negativos que cultivam o estresse do homem animal, como se ele vivesse continuamente sob ameaça de morte. O indivíduo das sociedades modernas tem mais sintomas psicossomáticos do que o das tribos primitivas.

O homem psicológico, mais do que o homem animal, se recusa a aceitar a morte. O desejo de eternidade, de transcender o caos da morte, é inerente ao ser humano, não é fruto da cultura. Como veremos, Cristo tinha consciência disso. Seu discurso sobre a eternidade ainda hoje é perturbador.

Os que estão vivos elaboram muitos pensamentos para procurar confortar-se diante da perda dos seus entes queridos, como "Ele deixou de sofrer", "Ele descansou", "Ele está num lugar melhor". Mas ninguém diz "Ele deixou de existir". A dor da perda de alguém é uma celebração à vida. Ela representa um testemunho claro do desejo irrefreável do ser humano de fazer prosseguir o show da existência.

Num velório, os íntimos da pessoa que morreu, que geralmente representam a minoria, sofrem muito, enquanto os agregados, que são a maioria, fazem terapia. Como é que os agregados fazem terapia? Eles procuram se interiorizar e se reciclar diante da morte do outro. Dizem entre si: "Não vale a correria da vida", "Não vale a pena se estressar tanto", "A vida é muito curta para lutar por coisas banais, depois morremos e fica tudo aí...". Essa terapia grupal não é condenável, pois representa uma revisão saudável da vida. A terapia grupal nos velórios é uma homenagem inconsciente à existência.

O desejo de superar o fim da existência está além dos limites das ideologias intelectuais e sociopolíticas. Um dos maiores erros intelectuais de Karl Marx foi ter procurado criar uma sociedade pregando o ateísmo como massificação cultural. Marx encarou a religiosidade como um problema para o socialismo. Era um pensador inteligente, mas, por conhecer pouco os bastidores da mente humana, foi ingênuo. Talvez nunca tenha refletido com mais profundidade sobre as consequências psicológicas e filosóficas do caos da morte. Se o tivesse feito, compreenderia que o desejo de superação da finitude existencial é irrefreável. O desejo de continuar a sorrir, a pensar, a amar, a sonhar, a projetar, a criar, a ter uma identidade, a ter consciência de si e do mundo está além dos limites da ciência e de qualquer ideologia sociopolítica.

O ser humano possui uma necessidade intrínseca de buscar Deus, de criar religiões e de produzir sistemas filosóficos metafísicos. Tal necessidade surge não apenas como tentativa de superar sua finitude existencial, mas também para explicar a si mesmo o mundo, o passado, o futuro, enfim, os mistérios da existência.

O ser humano é uma grande pergunta que por dezenas de anos procura uma grande resposta. Ele tenta explicar o mundo. Todavia, sabe que explicar a si mesmo é o maior desafio da sua própria inteligência. Vimos que pensar não é uma opção do ser humano, mas o seu destino inevitável. Não conseguimos interromper o processo de construção de pensamentos. É impossível conter a necessidade de compreendermos a nós mesmos e o mundo que nos circunda. Na mente humana há uma verdadeira revolução de ideias que não pode ser estancada nem mesmo pelo controle do "eu".

Nas próximas décadas, os povos socialistas que viveram sob a propaganda ateísta serão os mais religiosos, os que mais buscarão a existência de Deus. Por quê? Porque o socialismo tentou eliminar algo indestrutível. Tudo indica que essa busca já está ocorrendo intensamente na Rússia e na China. Na China havia cinco milhões de cristãos na época em que o socialismo foi implantado. Agora, depois de tantos anos de propaganda ateísta, há notícias extraoficiais de que haveria mais de 50 milhões de cristãos naquele país. Além disso, há milhões e milhões de chineses adeptos de diversas outras religiões.

O desejo de transcender o fim da existência não pode ser contido. A melhor maneira de propagar uma religião é tentar destruí-la. A melhor maneira de incendiar o desejo do ser humano de buscar Deus e superar o caos da morte é tentar destruir esse desejo.

A medicina como tentativa desesperada de aliviar a dor e prolongar a vida

A ansiedade pela continuidade da existência e a necessidade de mecanismos de proteção diante da fragilidade do corpo humano mergulharam o ser humano tanto numa busca mística (espiritual) como também promoveram intensamente o desenvolvimento da ciência ao longo da história.

Os produtos industriais embutem mecanismos de segurança que revelam a ansiedade humana pela continuidade da existência. Os aparelhos elétricos e eletrônicos têm de possuir mecanismos de segurança para os usuários. Os veículos incorporam cada vez mais sistemas de proteção para os passageiros. A engenharia civil possui alta tecnologia para produzir construções que sejam não apenas funcionais, mas também seguras. Nas empresas, os mecanismos de segurança são fundamentais nas atividades de trabalho. Porém, de todas as ciências que foram influenciadas pela necessidade de continuidade e preservação da integridade física e psicológica do ser humano, a medicina foi a mais marcante.

A medicina agrega um conjunto de outras ciências: a química, a biologia, a física, a biofísica, a matemática, etc., e tem experimentado um desenvolvimento fantástico. Evoluiu tanto como tentativa desesperada de superar a dor como para prolongar a vida.

Há milhões de volumes nas bibliotecas de medicina, e inúmeras revistas médicas são editadas todos os meses. O conhecimento se multiplica de tal maneira que a cada dia surgem novas especialidades. Todos os anos são descobertas novas técnicas laboratoriais, cirúrgicas, com novos aparelhos dando suporte aos diagnósticos. Diariamente são realizadas no mundo todo mesas-redondas, conferências e congressos médicos de todas as especialidades. Por que a medicina está passando por um desenvolvimento explosivo? Porque o ser humano quer aliviar a dor, melhorar sua qualidade de vida e prolongar a sua existência.

A medicina é uma ciência poética. Os médicos sempre desfrutaram de grande prestígio social em toda a história da humanidade, pois, ainda que não percebam, eles mexem com as nossas mais dramáticas necessidades existenciais: aliviar a dor e prolongar a vida.

Há dois dramas existenciais democráticos que atingem todo ser humano: o envelhecimento e o fim da existência. De um lado, cientistas do mundo inteiro gastam o melhor do seu tempo para descobrir medicamentos, conhecer o metabolismo celular, pesquisar novos aparelhos. Todas essas pesquisas objetivam fornecer novas técnicas e procedimentos para diagnosticar doenças, preveni-las, tratá-las e, assim, melhorar a qualidade de vida e adiar o inevitável: o fim da existência.

De outro lado, muitos pesquisadores estão produzindo novos conhecimentos por meio da medicina ortomolecular, da estética e da cirurgia plástica, à procura do rejuvenescimento e tentando retardar o envelhecimento.

Tanto a incontida busca espiritual do ser humano, ao longo da história, quanto o contínuo desenvolvimento da medicina são dois testemunhos vivos de que no âmago de cada um de nós pulsa o desejo ardente de superar o drama do envelhecimento e do fim da existência e, consequentemente, de prolongar o espetáculo da vida.

O discurso de Cristo sobre o segredo da eternidade

Após essa exposição, retornemos ao nosso personagem principal: Jesus Cristo. Vamos estudar o impacto que suas palavras sobre a crise existencial do ser humano e a sua proposta a respeito da superação do caos da morte provocariam nos dias de hoje.

Imaginemos Cristo reagindo, falando, expressando seus pensamentos numa sociedade que não tivesse qualquer ligação com o cristianismo. O que ele diz sobre a crise existencial da espécie humana? O que ele tem para nos falar sobre a continuidade do espetáculo da vida? Suas palavras sobre esses assuntos são triviais? Elas perturbariam nossos pensamentos? Suas ideias sobre o fim da existência se aproximam do pensamento dos intelectuais?

Cristo pronunciou palavras incomuns, inéditas, capazes de abalar tanto os alicerces dos cientistas da medicina quanto da religiosidade humana. Antes de responder a tais perguntas, vamos resgatar algumas características de Cristo. Ele possuía um viver que primava por um paradoxo. Por um lado, expunha-se publicamente e, por outro, procurava, sempre que possível, o anonimato.

Além disso, ele não impunha suas ideias, mas as expunha. Não pressionava ninguém a segui-lo, apenas convidava. Era contra o autoritarismo do pensamento, por isso procurava continuamente abrir as janelas da inteligência das pessoas para que refletissem sobre suas palavras. Resumindo, Cristo não gostava de se exibir, conhecia as distorções da interpretação, era elegante no seu discurso e aberto quando expunha seus pensamentos. Agora, vamos investigar sua biografia e conhecer outras particularidades da sua personalidade.

Cristo era flexível e brando ao abordar os assuntos de que tratava, mas em alguns pontos foi extremamente determinado. Entre esses pontos destaca-se o que ele pensava sobre a continuidade da existência e sobre a eternidade.

A respeito da continuação do espetáculo da vida, ele era incisivo. Não deixava margem de dúvida sobre seu pensamento. E, diga-se de passagem, seu pensamento era ousadíssimo, pois ele dizia claramente que tinha o segredo da eternidade. Afirmava que a vida eterna passava por ele. Ele falou: *"Quem crer em mim, ainda que morra, viverá!"* (*João 11:25*), *"Eu sou o pão vivo que desceu do céu. Se alguém comer esse pão, viverá para sempre"* (*João 6:51*). Proferiu muitas palavras semelhantes a essas, que são incomuns e possuem uma dimensão indescritível.

Ele não disse que se as pessoas obedecessem a regras de comportamento ou doutrinas religiosas teriam a vida eterna. Não! Os textos são claros: Cristo concentrou em si mesmo o segredo da eternidade. Disse que aqueles que cressem nele e o incorporassem interiormente teriam a vida eterna, a vida inesgotável e infinita. Quem fez um discurso como esse na história?

De todos os homens que brilharam em suas inteligências, ninguém foi tão ousado em seus pensamentos como Cristo. De todos aqueles que fundaram uma religião, uma corrente mística ou uma filosofia metafísica, ninguém teve a intrepidez de proferir palavras semelhantes às dele.

Ao investigarmos o pensamento de Cristo, verificamos que ele realmente não falava de mais uma religião nem de uma corrente de pensamento. Falava dele mesmo, discorria sobre a sua própria vida e o poder que ela continha! Chegou até a afirmar que ele próprio era *"o caminho, a verdade e a vida"* (*João 14:6*). Ao proferir essas palavras, atribuiu a si mesmo o caminho para chegar à verdade em seus amplos aspectos e o caminho para conquistar uma vida infindável.

Nós estamos psicoadaptados às palavras de Cristo, por isso não ficamos perturbados com elas. Os escribas e os fariseus sabiam o que elas significavam, por isso ficaram profundamente perturbados. Existiram diversos profetas ao longo dos séculos, mas nenhum deles ousou afirmar o que aquele carpinteiro de Nazaré pregou. Os escribas e os fariseus ficaram perplexos diante do discurso de Jesus na primeira pessoa. Apesar de viverem sob a ditadura do preconceito e de serem intelectualmente rígidos, tinham a mais absoluta razão de ficar perplexos. As palavras que Cristo proferiu são seriíssimas. Aquele que nasceu numa manjedoura colocou-se como a fonte da vida inextinguível, a fonte da eternidade, a fonte da verdade. Quem é esse homem?

As limitações da ciência e a postura de Cristo como fonte da verdade essencial

Uma área do conhecimento só ganha status de verdade científica quando comprova os fatos e prevê fenômenos. Se falarmos que o tabagismo prejudica a saúde, precisamos provar que os fumantes contraem determinadas enfermidades, como câncer de pulmão e doenças cardiovasculares. Uma vez comprovados os fatos, podemos prever fenômenos, ou seja, podemos prever que os fumantes têm mais possibilidades de adquirir essas doenças do que os não fumantes.

Ao comprovar os fatos e prever fenômenos, o conhecimento, principalmente nas ciências físicas e biológicas, deixa de ser um mero conhecimento e passa a ganhar status de verdade científica. Porém, há aqui um problema filosófico sério que muitos não compreendem. Uma verdade científica não atinge jamais a verdade essencial. Um milhão de pensamentos sobre um tipo de câncer de pulmão causado pela nicotina (verdade científica) não é o câncer em si (verdade essencial ou real), mas apenas um discurso científico sobre ele. Do ponto de vista filosófico, a verdade científica (ciência) procura a verdade real (essencial), mas jamais a incorpora. Outro exemplo: se produzirmos um milhão de ideias sobre um objeto de madeira, todas essas ideias poderão definir e descrever a celulose contida na madeira, mas a madeira continua sendo madeira, e as ideias continuam sendo meras ideias.

A interpretação de um terapeuta sobre a ansiedade de um paciente não representa a essência da energia ansiosa do paciente, mas um discurso sobre ela. A interpretação está na cabeça do terapeuta, mas a ansiedade está na emoção do paciente; portanto, ambas se encontram em mundos diferentes.

Sei que muitos leitores podem estar confusos com o que estou dizendo, mas o que quero mostrar é que a discussão filosófica sobre o que é a "verdade" tem varrido os séculos. Eu mesmo, por mais de dez anos, produzi uma teoria filosófica sobre o que é uma verdade científica, qual a sua relação com a verdade essencial, como ela se constrói na mente humana, até onde é relativa, quais são seus limites, alcances e lógica. Todas essas questões são muito complexas, e não entrarei em detalhes a respeito delas neste livro. Todavia, o que quero enfatizar ao expor esse assunto é que, a respeito da verdade, Cristo colocou-se numa posição que a ciência jamais pôde atingir.

Ao afirmar que era o caminho, a verdade e a vida, ele foi profundamente perturbador, porque se identificou como a própria verdade essencial, como a própria essência da vida. Ele não disse que possuía a verdade acadêmica, ou seja, que possuía um conjunto de conhecimentos, de ideias e de pensamentos verdadeiros, e sim que ele mesmo era o caminho que conduz à fonte da verdade essencial, o caminho que atinge a própria essência da vida. Que vida era essa? A vida eterna, infindável e inesgotável que ele propagava possuir.

Ao pronunciar tais palavras, posicionou-se como alguém cuja natureza estava além dos limites do que é propriamente humano. Ele se posicionou como filho de Deus, como autor da existência, como arquiteto da vida ou qualquer outro nome que se possa dar. Seu discurso foi impressionante.

Como veremos, Cristo gostava de afirmar que era filho do homem. Ele apreciava a sua condição humana, porém em alguns momentos aquele homem mostrava uma outra face, por meio da qual reivindicava sua divindade.

Como seres humanos, temos diversos limites. Ninguém pode dizer de si mesmo que é "o caminho, a verdade e a vida". Ninguém que é meramente humano, mortal e finito pode afirmar que possui em si mesmo a eternidade. Somos todos finitos fisicamente. Somos todos limitados temporal e espacialmente. Como pode uma pequena gota reivindicar ser uma fonte de água? O que nenhum ser humano teria coragem de proferir, a não ser que estivesse delirando, Cristo proferiu com a mais incrível eloquência.

Somos limitados na organização dos pensamentos, que são construídos a partir dos parâmetros que temos na memória. O fim e o infinito são parâmetros incompreensíveis e inatingíveis pela inteligência humana. Pense no que é o fim e tente esquadrinhar o que é o infinito. Já perdi noites de sono pensando nesses extremos. A existência humana transcorre dentro de um curto parêntese da eternidade. A vida humana é apenas uma gota existencial na perspectiva da eternidade.

Nossos pensamentos estão num pequeno intervalo entre o princípio e a eternidade. A ciência trabalha nos intervalos de tempo, sejam eles enormes ou extremamente pequenos. Sem o parâmetro do tempo não há ciência. Se estudar o que transcorre nos intervalos de tempo é algo sofisticado, o que dirá estudar os fenômenos que estão além dos limites do tempo, que transcorrem na eternidade! Um dos motivos de a ciência ter sido tímida e omissa em investigar a inteligência de Cristo é que seus pensamentos tratam de assuntos que extrapolam os parâmetros da ciência.

O que a ciência pode dizer a respeito dos pensamentos de Cristo sobre a eternidade? Nada! A ciência, por ser produzida dentro dos intervalos de tempo, não tem como confirmar nem discordar dele.

Se estudar a própria existência já é uma tarefa complexa, como poderá a ciência discorrer sobre a autoria da existência? Podemos discorrer teoricamente sobre as origens do universo, sobre os buracos negros, a teoria do Big Bang, mas não temos recursos intelectuais para discorrer sobre a "origem da origem", a "causa das causas", aquilo que está antes do início, a fonte primeira. O pensamento pode estudar os fenômenos que estão no pré-pensamento. Sim, mas o pensamento sobre o pré-pensamento, como disse, será sempre o pensamento, e não o pré-pensamento em si.

Se estudar fenômenos observáveis, passíveis de investigação e aplicação metodológica, já é uma tarefa extenuante para a ciência, imagine pesquisar aquilo que está além dos limites da observação! Se a ciência mal entende os fenômenos da vida, como pode entender aqueles que transcendem o fim da existência? De fato, a ciência tem limitações para pesquisar os complexos pensamentos de Cristo sobre a eternidade e a superação do caos da morte. Tais pensamentos entram na esfera da fé.

O discurso de Cristo abalaria os fundamentos da medicina

Apesar de a ciência não ter condições de estudar o conteúdo do discurso de Cristo e do poder que ele expressava ter, ela, como comentei, não está de mãos amarradas. Ainda pode investigar algumas áreas importantes da sua inteligência; pode estudar a sua coragem e ousadia para dizer palavras incomuns, e o choque psicossocial dessas palavras; pode investigar se as suas ideias são coerentes com sua história; pode analisar como ele rompia as ditaduras da inteligência e administrava seus pensamentos nos focos de tensão; pode estudar quais são as metas fundamentais da sua escola da existência.

Imagine Cristo transitando pelas ruas, pelos acontecimentos sociais, pelas festividades e pelos congressos de medicina, proclamando com eloquência, como fazia em sua época, que por intermédio dele o ser humano poderia superar o fim da existência e ir ao encontro da eternidade. Sua ousadia era sem precedentes. Ele discursava com incrível determinação sobre temas que poucos ousariam abordar.

Imagine Cristo interferindo nas conferências médicas e bradando que ele é a ressurreição e a vida (*João 11:25*). Se escandalizaria os psiquiatras e psicoterapeutas com a proposta de uma vida interior que jorra um prazer pleno e inesgotável, imagine a que ponto sua proposta sobre uma vida infindável, uma vida sem doenças e misérias, escandalizaria os médicos e os cientistas da medicina, que lutam para prolongar a vida humana, ainda que seja por alguns dias ou meses.

Diante do discurso de Cristo, algumas perguntas invadiriam a mente dos cientistas e dos médicos mais lúcidos. Como é possível transcender o inevitável e dramático caos da morte? Como é possível reorganizar a identidade da consciência depois que a memória se esfacela em bilhões de partículas na decomposição do cérebro? Como é possível desfrutar uma existência em que não se concebe mais o envelhecimento? Que tipo de natureza o ser humano teria de ter para possuir uma existência que se renovaria e se perpetuaria eternamente? Como a memória e a construção de pensamentos se renovariam numa história sem fim? O discurso de Cristo certamente abalaria a complexa e ao mesmo tempo limitada medicina, que é capaz de fazer muito por alguém que está vivo, mas não pode fazer nada por aquele que está morto.

Todas essas perguntas são provenientes de uma existência finita questionando uma existência infinita, com suas inúmeras dúvidas e limitações. Entretanto, o questionamento do finito sobre o infinito, do temporal sobre o eterno, ainda que limitado, é um direito legítimo do ser humano, um direito personalíssimo de expressão do pensamento, pois a vida clama por continuidade.

Cristo era tão determinado nessa questão que chegou até a usar uma metáfora que escandalizou muitos em sua época. Disse que quem comesse da sua carne e bebesse do seu sangue teria a vida eterna (*João 6:53-54*). As pessoas ficaram pasmas com a coragem daquele homem ao proferir tais palavras. Pensaram que ele estava falando da sua carne e do seu sangue físicos. Todavia, ele discorria sobre a incorporação de outra natureza, de uma natureza eterna. Que proposta intrigante!

Seus opositores pediam-lhe que não deixasse suas mentes em suspense, mas lhes dissesse claramente quem ele era (*Lucas 7:18-20*). A nata intelectual de Jerusalém fazia longos debates para descobrir sua identidade. Até pessoas sem cultura discutiam sobre a sua origem. Os próprios discípulos ficavam perturbados com seu discurso e indagavam quem era o mestre que eles seguiam (*João 8:25*). Haviam deixado tudo para acompanhá-lo e quanto mais andavam com ele, mais percebiam que não o conheciam.

O ser humano sempre procurou uma religião como âncora do futuro, com o objetivo de transcender a morte, e sempre procurou a medicina como âncora do presente, com o objetivo de retardar a morte. Agora aparecia alguém dizendo palavras nunca ouvidas sobre a superação do fim da existência e sobre a imersão na eternidade. E tudo se complicava mais porque, ao mesmo tempo que pronunciava com ousadia e determinação palavras incomuns sobre a eternidade, ele esquivava-se da fama e da ostentação.

A intrepidez de Cristo era tão impressionante que ele se colocava acima das leis físico-químicas. Chegou a expressar que "*os céus e a terra passarão, mas as minhas palavras não passarão*" (*Lucas 21:33*).

O universo tem bilhões de galáxias. Ele passa continuamente por um processo de organização, caos e reorganização. Estrelas nascem e morrem continuamente. Daqui a alguns milhões de anos o Sol deixará de existir. Os astrônomos olham para o firmamento e, em cada direção, contemplam um "céu de enigmas". Agora vem um homem que, além de dizer que possui o segredo da eternidade, expressa que o conteúdo dos seus pensamentos tem uma estabilidade que todo o universo não possui. O universo imerge no caos, mas ele proclama que suas palavras transpassam o caos físico-químico e que sua vida está além dos limites do tempo e do espaço. Tais afirmações são impressionantes.

Einstein era um admirador de Cristo. Contudo, se ele tivesse vivido naquela época, certamente o discurso de Cristo deixaria seu cabelo mais desalinhado do que o que mostra sua famosa foto. O discurso dele extrapolava os parâmetros da física, portanto não poderia ser explicado nem mesmo pela teoria da relatividade.

A personalidade ímpar de Cristo: grandes gestos e comportamentos singelos

Cristo disse palavras inimagináveis, que estão além dos limites da grandeza ambicionados pelo ser humano. Porém, o interessante é que ele tinha raciocínio coerente, organização de ideias e consciência crítica. Não há como não admirar a ousadia dos seus pensamentos e a determinação da sua inteligência. Por isso, repito, estudar a sua inteligência é, até para os ateus, um desafio intelectual prazeroso, um convite à reflexão. Não é à toa que seus pensamentos atravessaram os séculos e as gerações.

O mais perturbador é que a personalidade de Cristo se equilibra entre os extremos, como o pêndulo de um relógio. Como pode alguém discursar sobre a eternidade e ao mesmo tempo não procurar qualquer ato para se promover? Qualquer pessoa que julgasse possuir tal poder desejaria, no mínimo, que o mundo gravitasse em torno de si, que a humanidade se dobrasse aos seus pés. Alguns dos seus íntimos estavam confusos pelo fato de ele falar e fazer tantas coisas e, ao mesmo tempo, procurar continuamente se ocultar. Rogaram que ele se manifestasse ao mundo, que o mundo o contemplasse, o admirasse (*João 7:34*). Talvez até quisessem que o Império Romano se rendesse a ele.

A lógica dos discípulos era que os atos deveriam ser feitos em público para se tirar o máximo proveito deles. Essa é uma lógica política. Entretanto, a lógica de Cristo era diferente e interessante. Ele discursava em público, mas com frequência praticava seus atos sem alarde.

Cristo realizava ações admiráveis e em seguida se escondia nas ações singelas. Discursava sobre um poder sem precedentes, mas ao mesmo tempo transitava pelas avenidas da humildade. Proferia pensamentos que tinham grandes implicações existenciais, porém não obrigava ninguém a segui-los, apenas os expunha com elegância e convidava as pessoas a refletir sobre eles. Proclamava possuir uma vida infinita, mas, ao mesmo tempo, tinha imenso prazer em ter amigos finitos (*João 15:15*). Diante disso, é difícil não concluir que seu comportamento estilhaça os paradigmas e foge aos padrões previsíveis da inteligência humana.

Quais foram os atos de Cristo mais admiráveis: os pequenos ou os grandes? Muitos preferem os grandes. Para mim, os pequenos são tão eloquentes quanto os grandes. Quem é esse Cristo? É difícil compreendê-lo.

Cristo desejava que o ser humano fosse alegre, plenamente satisfeito e que vivesse uma vida interminável, infinita, sem limite de tempo. Sua proposta, embora muitíssimo atraente, deixa a ciência perplexa. Amar ou rejeitar tal proposta é um assunto íntimo, pessoal, que não depende da ciência.

Cristo discorria sobre uma música que todos queriam e querem dançar. Porém, as características da sua inteligência estão sempre nos surpreendendo. Elas são capazes de abalar os alicerces da humanidade do terceiro milênio e conduzi-la a repensar a sua história, os seus projetos e a sua compreensão do mundo.

CAPÍTULO 7

Um audacioso projeto: o público e o ambiente

A complexa escola da existência

A escola da existência é a escola da vida, dos eventos psicológicos e sociais. Na escola da existência escrevemos nossas histórias particulares. Essa escola penetra nos meandros de nossa existência: em nossos sonhos, expectativas, projetos socioprofissionais, relações sociais, frustrações, prazeres, inseguranças, dores emocionais, crises existenciais e todos os momentos de ousadia, de solidão, de tranquilidade e de ansiedade que experimentamos. A escola da existência envolve toda a trajetória de um ser humano. Inicia-se na vida intrauterina e termina no último suspiro.

Ela envolve não apenas os pensamentos e as emoções que manifestamos socialmente, mas também o corpo de pensamentos e emoções represados dentro de cada um de nós. Envolve as lágrimas não derramadas, os temores não expressos, as palavras não verbalizadas, as inseguranças não comunicadas, os sonhos silenciosos.

A escola da existência é muito mais complexa e sofisticada do que a escola clássica (educacional). Na escola clássica nos sentamos enfileirados; nela, infelizmente, somos frequentemente receptores passivos do conhecimento. E o conhecimento que recebemos tem pouca relação com a nossa história, no máximo relaciona-se com a nossa profissão. Na escola da existência, porém, todos os eventos têm relação direta com a nossa história.

Na escola clássica temos de resolver os problemas da matemática; na da existência temos de resolver os problemas da vida. Na escola clássica aprendemos as regras gramaticais; na da existência temos de aprender a difícil arte de dialogar. Na escola clássica temos de aprender a explorar o mundo em que estamos, ou seja, o pequeno átomo da química e o imenso espaço da física; na da existência temos de aprender a explorar os territórios do mundo que somos. Portanto, a escola da existência inclui a clássica e vai muito além dela.

Um dos maiores erros educacionais da escola clássica é não ter como meta fundamental o preparo dos alunos para viver na sinuosa existência. A melhor escola clássica é aquela que constrói uma ponte sólida para a escola da vida. Boa parte das escolas clássicas se tornou um parêntese dentro da escola da existência, não havendo comunicação entre elas. Numa escola clássica fechada, os alunos são presos numa bolha, numa redoma educacional, sem "anticorpos" intelectuais para superar as contradições da existência e amadurecer multifocalmente a inteligência.

Eles incorporam o conhecimento, mas raramente se tornam engenheiros de ideias. Tornam-se profissionais, mas poucos conhecem a cidadania e expandem a consciência crítica.

Na escola da existência, a velhice não significa maturidade, os títulos acadêmicos não significam sabedoria, o sucesso profissional não significa sucesso no prazer de viver. Nela, os parâmetros são mais complexos.

As características da escola da existência

A escola da existência de Cristo possui características incomuns. Ela não é uma escola de pensamento, filosófica, de regras comportamentais, de ensino religioso-moralista e nem de aperfeiçoamento de caráter. O projeto de Cristo era muito mais complexo e ambicioso.

As biografias de Cristo revelam que ele não objetivava reformar o ser humano, mas promover uma transformação em seu interior, reorganizar intrinsecamente sua capacidade de pensar e viver emoções. Ele pretendia produzir uma nova pessoa. Uma pessoa solidária, tolerante, que supera as ditaduras da inteligência, que se vacina contra a paranoia do individualismo, que aprende a cooperar mutuamente, que aprende a se conhecer, que considera a dor do outro, que aprende a perdoá-lo, que se interioriza, que se repensa, que se coloca como aprendiz diante da vida, que desenvolve a arte de pensar, que expande a arte de ouvir, que refina a arte da contemplação do belo. Essas características serão estudadas nos capítulos posteriores. Seria muito bom se pudéssemos gravá-las em nossa mente para entendermos melhor o projeto de Cristo.

Creio que nunca alguém teve um projeto tão audacioso e ambicioso como o dele. Antes existiram algumas escolas na Grécia. A academia de Platão, o liceu de Aristóteles, as escolas pós-socráticas. Porém, nenhuma possuía um projeto tão ambicioso e instigante como a escola da existência de Cristo. É difícil deixar de reconhecer a dimensão do seu propósito e como era um mestre especialista em desengessar a inteligência das pessoas que conviviam com ele. Ao investigá-lo, concluímos que ele não queria melhorar o ser humano, mas mudar a sua natureza intrínseca (*Mateus 23:26-27*).

É difícil dar nome ao projeto de Cristo. Alguns podem chamá-lo de propósito ou de plano. Não importa o nome que se dê.

O importante é que possamos compreender que seu projeto era complexo, sofisticado, audacioso, multifocal, às vezes parecendo um hospital que tratava das misérias humanas, mesmo as mais ocultas. Talvez por isso ele tenha se colocado como "médico" que trata das mazelas interiores (*Mateus 9:12*). Outras vezes, ele era como um restaurante e uma fonte de sentido existencial que satisfaz as necessidades humanas e propicia prazer. Talvez por isso cuidasse da fome física dos que o seguiam e tivesse se colocado como o "pão da vida", que supre as necessidades íntimas da emoção e do espírito humano (*João 6:35*). E, outras vezes ainda, esse projeto parecia uma escola que objetivava transformar as pessoas, expandir a sua inteligência e modificar a sua maneira de pensar (*Mateus 5:1-11*). Talvez por isso ele tivesse se colocado como o messias, o mestre que abre as janelas da mente e conduz homens e mulheres a pensarem em outras possibilidades (*Mateus 23:8*).

Seguindo a definição abrangente da escola da existência que forneci no tópico anterior, chamarei esse projeto de "a escola da existência de Cristo". A escola de Cristo tem características inusitadas, peculiares, misteriosas, difíceis de serem compreendidas. A seguir, farei um comentário sobre algumas delas.

O ambiente da escola da existência

A escola da existência de Cristo era diferente em muitos aspectos de uma escola clássica. Não tinha muros nem espaço físico definido. Erguia-se nos lugares menos clássicos: no deserto, na beira da praia, nos montes, nas sinagogas judias, no pátio do templo de Jerusalém, no interior das casas. E também nas situações menos clássicas: nos jantares, nas festas, numa conversa informal.

Cristo não tinha preconceitos. Falava com as pessoas em qualquer ambiente. Não perdia oportunidade para conduzir o ser humano a se interiorizar. Por onde passava, atuava como mestre e iniciava sua escola. Nela não havia mesa, carteira, lousa, giz, computador ou técnica pedagógica. Sua técnica eram suas próprias palavras, seus gestos e seus pensamentos. Sua pedagogia era sua história e a maneira como abria as janelas da inteligência dos seus discípulos. O título de Mestre dos Mestres da escola da existência é merecido.

Embora Cristo não tivesse preconceito quanto ao ambiente para proferir suas palavras, parecia preferir lugares abertos. Não poucas vezes o céu era o teto da sua escola. As pessoas se assentavam ao seu redor para ouvi-lo. Ao ar livre, ele proferia eloquentemente suas palavras. Certamente, em algumas oportunidades, bradava em voz alta, em razão do grande número de pessoas reunidas ao seu redor.

Cristo se misturava com seus alunos, entrava na história deles. Não havia um fosso entre o mestre e seus discípulos. Suas histórias se cruzavam. Por intermédio desse viver íntimo e aberto o mestre conquistava os alunos e conhecia as angústias e necessidades de cada um (*João 14:27; 16:4-6*). Aproveitava cada circunstância, cada momento, cada erro e dificuldade deles para conduzi-los a se repensarem e reorganizarem suas histórias.

A ausência de hierarquia na escola da existência: o público

Na escola de Cristo não há reis, políticos, intelectuais, iletrados, moralistas e imorais. Todos são apenas o que sempre foram, ou seja, seres humanos. Ninguém está um milímetro acima ou abaixo de ninguém. Todos possuem uma relação fraternal de igualdade. Suas biografias evidenciam de forma clara que Jesus criticava contundentemente qualquer tipo de discriminação. Em seu projeto todos possuem a mesma dignidade, não há hierarquia.

É raríssimo haver um lugar onde as pessoas não sejam classificadas, seja pela condição financeira, intelectual, estética, pela fama ou qualquer outro tipo de parâmetro. O ser humano facilmente vive a ditadura do preconceito. Uma das mais drásticas e destrutivas doenças da humanidade é essa ditadura. Ela engessa a inteligência e gera toda sorte de discriminação. A discriminação já arrancou lágrimas, cultivou a injustiça, distorceu o direito, fomentou o genocídio e muitas outras formas de violação dos direitos humanos.

Para o Mestre dos Mestres, ninguém é indigno e desclassificado por qualquer condição ou situação. Uma prostituta tem o mesmo valor que um moralista. Uma pessoa iletrada e sem qualquer tipo de cultura formal tem o mesmo valor que um intelectual, um versado escriba. Uma pessoa excluída tem o mesmo valor que um rei.

Cristo era de tal forma contra a discriminação, que fazia com que os moralistas da sua época tivessem calafrios diante das suas palavras. Teve a coragem de dizer aos fariseus que os corruptos coletores de impostos e as meretrizes os precederiam em seu reino (*Mateus 21:31*). Como é possível os corruptos e as prostitutas precederem os fariseus tão famosos e moralistas? Pela capacidade de se esvaziarem e se colocarem como aprendizes em sua encantadora escola.

Os coletores de impostos eram odiados e as prostitutas eram apedrejadas na época. Todavia, o plano transcendental de Cristo arrebata a psicologia humanista. Nele todos se tornam indistintamente seres humanos. Nunca alguém considerou tão dignas pessoas tão indignas. Nunca alguém exaltou tanto pessoas tão desprezadas. Nunca alguém incluiu tanto pessoas tão excluídas.

CAPÍTULO 8

Despertando a sede de aprender e desobstruindo a inteligência

Cristo despertava a sede do saber.
O bom e o excelente mestre

Não devemos considerar Cristo um pobre coitado e sofredor. Esse título não o dignifica. Ele não era frágil; possuía uma força impressionante. Se existiu alguém que detinha uma coragem incomum, foi Cristo. Ele não se calava nem mesmo quando enfrentava sério risco de morte. Teve intrepidez para enfrentar um mundo totalmente contrário ao seu pensamento. Teve ousadia para enfrentar os ambientes públicos mais hostis e determinação para enfrentar seus próprios medos e angústias. Discursou nos territórios dos seus mais ardentes opositores (*Mateus 6:2-5; 7:15-23*). Antes de ser crucificado, correu sério risco de sofrer politraumatismo por apedrejamento.

Cristo também não agia inconsciente e inconsequentemente – tinha consciência do efeito das suas palavras e das metas que queria atingir. Combinava a humildade e a tolerância com a ousadia e a determinação. Apreciava provocar a inteligência das pessoas e mostrar o radicalismo delas.

Cristo era um mestre cativante. Muitos corriam para ouvi-lo, para aprenderem com ele. Era diferente da grande maioria dos demais mestres, mesmo os da atualidade, que transmitem o conhecimento sem prazer e desafio, transmitem-no pronto, acabado e despersonalizado, ou seja, sem comentar as dores, frustrações e aventuras que os pensadores viveram enquanto o produziam. Tal transmissão não instiga a inteligência dos alunos, não os surpreende, não os torna engenheiros de ideias.

Um bom mestre possui eloquência, mas um excelente mestre possui mais do que isso; possui a capacidade de surpreender seus alunos, instigar-lhes a inteligência. Um bom mestre transmite o conhecimento com dedicação, enquanto um excelente mestre estimula a arte de pensar. Um bom mestre procura seus alunos porque quer educá-los, mas um excelente mestre lhes aguça tanto a inteligência que é procurado e apreciado por eles. Um bom mestre é valorizado e lembrado durante o tempo de escola, enquanto um excelente mestre jamais é esquecido, marcando para sempre a história dos seus alunos.

Cristo instigava a inteligência daqueles que conviviam com ele. Ele os inspirava e os formava engenheiros do pensamento. Não apenas seus pensamentos marcaram a história dos seus íntimos, mas também os gestos e os momentos de silêncio foram tão eloquentes que modificaram a trajetória da vida deles.

Ele andava pelas cidades, vilas e lugarejos proclamando o "reino dos céus" e o seu projeto de transformação interior. Suas biografias indicam que falava de maneira arrebatadora. Sua fala despertava nas pessoas uma sede interior. Embora fosse o carpinteiro de Nazaré e andasse e se vestisse de modo simples, seus ouvintes ficavam impressionados com a dimensão da sua eloquência (*Mateus 6:30-44*). Com o decorrer dos meses, Cristo não precisava procurar as pessoas para falar-lhes. A sua fala era tão cativante que ele passou a ser procurado pelas multidões. As pessoas se aglomeravam para ouvi-lo. Determinados grupos o apreciavam tanto que lhe rogavam que não se afastasse deles. Mas ele dizia que tinha de levar sua mensagem a outros locais.

As multidões o seguiam por lugares inóspitos, desérticos, onde corriam o risco até de morrer de fome (*Mateus 14:15; 15:32; Marcos 8:1-9*). Mesmo assim não desistiam, pagando qualquer preço para ouvi-lo. Isto é muito interessante. A maioria das pessoas daquela época não tinha cultura e provavelmente nenhum interesse em aprender nada além do necessário para trabalhar e sobreviver. Porém, Cristo havia provocado uma fome íntima naquelas pessoas que ultrapassava os limites da fome física.

Cristo rompe a minha tese e o argumento de Will Durant

Quando as necessidades para garantir a sobrevivência são grandes, as pessoas não têm interesse em desenvolver o pensamento. A este respeito há um episódio interessante na história da filosofia. Will Durant, autor do famoso livro *História da filosofia*, tenta justificar por que a Europa produziu qualitativamente mais pensadores na literatura e na filosofia do que os Estados Unidos.[*]
Ele comenta que "a Inglaterra precisou de oitocentos anos desde sua fundação até Shakespeare e que a França precisou também de oitocentos anos para chegar a Montaigne [...] enquanto nós tivemos de gastar nossas energias abrindo clareiras em nossas grandes florestas e extraindo a riqueza do nosso solo; ainda não tivemos tempo de produzir uma literatura nacional e uma filosofia madura".

A Inglaterra, a França e outros países demoraram muitos séculos para produzir um corpo de pensadores na filosofia, na literatura, nas artes, etc. De fato, o pensamento filosófico na Europa é mais maduro do que nos Estados Unidos. Durant justifica esse fato dizendo que a sociedade americana esteve

---

[*] Durant, Will. *Op. cit.*

muito ocupada nos últimos séculos com suas necessidades de sobrevivência, com o desenvolvimento social. Embora não seja uma regra matemática, a produção de pensadores tem alguma relação com o atendimento das necessidades básicas de sobrevivência, com o desenvolvimento social. Primeiro devem ser atendidas as necessidades básicas, para depois florescer um pensamento mais maduro e coletivo. Claro que o pensamento pode florescer individualmente em meio a crises sociais, pobreza material, guerras, etc. Entretanto, a formação de um corpo de pensadores está ligada ao desenvolvimento social. O pensamento se comporta, às vezes, como o vinho: quanto mais velho e amadurecido, melhor o paladar.

O argumento de Durant, portanto, tem fundamento e vai ao encontro da tese que abordei sobre a prevalência do homem instintivo (animal) sobre o homem pensante nas situações estressantes. As necessidades materiais básicas que garantem a sobrevivência – como moradia, saúde e alimentação – tendem a prevalecer sobre as necessidades psicológicas. Quando as necessidades materiais básicas são atendidas, elas tendem a libertar o pensamento e expandi-lo para expressar a arte.

A arte tem certa ligação com a dor, não com a dor da sobrevivência, instintiva, mas com a dor das crises existenciais, a dor da alma, que envolve os conflitos psíquicos e sociais. Raramente as pessoas se interessam em pensar quando precisam lutar para sobreviver. Raramente o mundo das ideias se expande quando o corpo é pressionado pela dor da fome, quando a vida é castigada pela miséria. Porém, Cristo rompeu esse paradigma, que norteia tanto minha tese como o argumento de Durant.

Cristo brilhou na sua inteligência, embora desde a infância tivesse sido castigado pela pobreza. Além disso, o que é mais interessante, ele induziu as pessoas da sua época, tão castigadas pela miséria física e psicológica, a ter fome do saber que transcendia as necessidades básicas de sobrevivência.

Na época de Cristo, o povo de Israel vivia sob o domínio do Império Romano. Sobreviver era difícil. A fome e a miséria faziam parte da vida daquele povo. A produção de alimentos era escassa e, ainda assim, as pessoas tinham de pagar pesados impostos, pois havia coletores (publicanos) espalhados por todo o território de Israel.

Se olharmos para a miséria do povo de Israel e para o jugo imposto pelo Império Romano, constataremos que Cristo não veio na melhor época para expor seu complexo e audacioso projeto de transformar o ser humano. Se tivesse vindo numa época em que houvesse menos miséria e o sistema de comunicação estivesse desenvolvido, seu trabalho seria facilitado. Porém, há muitos pontos em sua vida que fogem aos nossos conceitos: nasceu numa manjedoura, não gostava de ostentar, escolheu uma equipe de discípulos totalmente desqualificada, silenciou durante seu julgamento. As pessoas na época de Cristo estavam preocupadas em se alimentar e não em pensar, porém descobriram que não só de pão vive o ser humano.

Os fariseus e os sacerdotes não tinham qualquer brilho na época. Cristo brilhou num ambiente em que raramente era possível brilhar. Embora naquele tempo as pessoas tivessem todos os motivos para não se interiorizar, elas abandonavam as suas casas e o pouco que tinham e iam para as regiões desérticas ouvir as palavras sofisticadas e incomuns desse atraente mestre.

É difícil encontrar uma pessoa intelectualmente atraente e interessante na sociedade moderna. Para tornar as pessoas atraentes, a mídia tem de "maquiá-las", dar colorido a suas palavras e seus gostos. Todavia, o carpinteiro de Nazaré era um homem que atraía multidões sem precisar de nenhuma publicidade.

Algumas vezes as pessoas viajavam durante vários dias, tendo de dormir ao relento, para ouvi-lo. O estranho é que Cristo não prometia uma vida fácil nem fartura material. Não prometia um reino político nem uma terra da qual manava leite e mel, como

Moisés. Ele discursava sobre uma outra esfera, um reino dentro do ser humano, que implicava um processo de transformação íntima.

Não havia despertador, mas as pessoas levantavam muito cedo para ir ao seu encontro. Creio que muitas tinham insônia de tão intrigadas que ficavam com os pensamentos de Cristo. Alguns textos dizem que as multidões nem mesmo esperavam o sol raiar para procurá-lo (*Lucas 21:38*). Dificilmente houve na história um mestre tão cativante quanto ele.

Embora não houvesse um local definido para ele se encontrar com as pessoas, elas se encarregavam de achá-lo. Sob o impacto das suas palavras, eram estimuladas a se repensar e a pensar nos mistérios da existência. O pensamento não estava institucionalizado; todos eram livres para ouvir e aprender, apesar das dificuldades que atravessavam.

Cristo tinha coragem tanto para expor seus pensamentos como para permitir que as pessoas o abandonassem. É muito difícil reunir essas duas características numa mesma pessoa. Quem tem coragem para expor seus pensamentos geralmente controla aqueles que o seguem e restringe-lhes a liberdade. Mas Cristo era diferente. Um dia ele chegou diante dos seus discípulos e deu plena liberdade para que o deixassem (*João 6:67*). Até perguntou: *"Vocês querem me abandonar?"* Sua capacidade para expor os pensamentos e não impô-los é singular. Ele apenas fazia convites que ecoavam naqueles ares: *"Quem tem sede venha a mim e beba"* (*João 7:37*).

O registro no capítulo 4 do evangelho de Mateus mostra-nos que, quando Cristo estava caminhando junto ao mar da Galileia, ele viu Pedro, André, Tiago e João, que estavam pescando ou remendando redes. Então ele os chamou, dizendo: *"Vinde após mim!"* Imediatamente eles o seguiram, deixando seus barcos e suas atividades. Até hoje tenho dificuldade para compreender por que quando ele simplesmente disse *"Vinde após mim"* os discípulos logo reagiram e o seguiram. Havia um intenso carisma nas palavras e no semblante daquele mestre que atraía as pessoas.

Cristo cativou tanto as pessoas que elas não conseguiam aceitar a hipótese de se separarem dele. Quando ele foi crucificado, elas batiam no peito inconformadas (*Lucas 23:48*). Talvez dissessem para si mesmas: "Como pode alguém que mudou nossas vidas e nos deu um novo sentido existencial passar por uma morte tão dolorosa e ultrajante? Como pode alguém tão inteligente e poderoso não ter usado sua força e capacidade intelectual para escapar do próprio julgamento?" Era muito difícil para elas compreenderem as consequências e as implicações da crucificação de Cristo.

O processo de interiorização nas sociedades modernas

Atualmente perdemos o prazer de realizar o processo de interiorização. Multiplicaram-se as escolas e o acesso às informações, mas não multiplicamos a formação de pensadores.

Hoje, frequentemente, as pessoas só são motivadas a aprender porque assim usam o conhecimento como ferramenta profissionalizante. Se retirássemos o título profissional e a possibilidade de auferir lucro com a aquisição de conhecimento, as universidades morreriam, o conhecimento seria enterrado! O deleite de aprender e de se tornar um engenheiro de ideias está cambaleante nas sociedades modernas. Foi substituído, como veremos adiante, pela paranoia do consumismo, da estética, da competição predatória.

Não há dúvida que diversas pessoas seguiam Cristo para atender às próprias necessidades básicas e contemplar os seus atos sobrenaturais. Ele tinha consciência disso (*João 2:23-25*). Porém, muitas o seguiam porque foram despertadas por ele, descobriram o prazer de aprender. Platão falou do deleite do processo de aprendizado.* Se ele tivesse vivido na época de Cristo, provavelmente seria íntimo dele, ficaria encantado com a habilidade do mestre de Nazaré em levar as pessoas desprovidas de qualquer

---

* Platão. *A República*. Brasília: Editora da UNB, 1981.

cultura a romper com a mesmice da rotina existencial e ter sede de se interiorizar.

O projeto de Jesus era surpreendente. Sob sua influência as pessoas se tornaram caminhantes nas trajetórias do próprio ser. Sob o cuidado desse mestre aprenderam a criar raízes dentro de si mesmas, aprenderam a ver a vida sob outra perspectiva e a dar-lhe um sentido nobre, mesmo diante das misérias e das dores existenciais.

Desobstruindo a inteligência

Colocar-se como aprendiz diante da vida profissional, social e intelectual é um verdadeiro exercício de inteligência. Uma pessoa que possui essa característica é sempre criativa, lúcida e brilhante intelectualmente. Está se despojando de maneira contínua dos seus preconceitos e enxergando a vida de diferentes ângulos. Por outro lado, uma pessoa que se sente interiormente abastada está sempre tensa, entediada e envelhecida intelectualmente.

Faz bem à saúde do cérebro e à saúde psíquica colocar-se como aprendiz diante da existência. Essa característica não tem relação com a idade. Há jovens que são velhos, por serem engessados e rígidos intelectualmente. Há velhos que são jovens, por serem livres e sempre dispostos a aprender. Tal característica é mais importante do que a genialidade. É possível ser um gênio e ser apenas um mero baú de informações, sem nenhuma criatividade.

Se observarmos a história dos homens e mulheres que mais brilharam em suas inteligências, constataremos que a curiosidade, o desafio, a ousadia, a sede de aprender, a capacidade de se colocar como aprendiz diante dos acontecimentos da vida eram seus segredos. Muitos pensadores foram mais produtivos quando ainda eram imaturos, pois tinham preservadas essas características. Nessa fase, embora tivessem os problemas ligados à imaturidade intelectual, estavam mais abertos para o aprendizado. Todavia, quando conquistaram status, fama, prestígio social e abandonaram a postura de aprendizes, arruinaram-se intelectualmente.

Quem se contamina com o vírus da autossuficiência reduz a própria produção intelectual. Quem se embriaga com o orgulho está condenado à infantilidade emocional e à pobreza intelectual, além de fazer da vida uma fonte de ansiedade. O orgulho gera muitos filhos, entre os quais estão a dificuldade de reconhecimento de erros e necessidade compulsiva de estar sempre certo. Aquele que recicla seu orgulho e se liberta do jugo de estar sempre certo transita pela vida com mais tranquilidade. A pessoa que reconhece suas limitações é mais madura do que a que se senta no trono da verdade.

Um dos maiores problemas educacionais é levar um mestre a se posicionar continuamente como aluno e manter um aluno constantemente em sua condição de aprendiz. Muitos profissionais liberais e executivos se tornam estéreis com o decorrer do tempo, pois se fecham dentro de si mesmos, engessam sua inteligência com as amarras da autossuficiência e da independência exageradas.

Muitos cientistas são produtivos quando estão no início de suas carreiras. Entretanto, à medida que sobem na hierarquia acadêmica e supervalorizam seus títulos, têm grande dificuldade de produzir novas ideias. Os jornalistas, os professores, os médicos, os psicólogos, enfim, toda e qualquer pessoa que não recicla a autossuficiência aprisiona o pensamento e aborta a criatividade. É provável que muitos de nós estejamos intelectualmente estéreis e não tenhamos consciência disso por causa da dificuldade de nos interiorizar e repensar nossa história.

Cristo provocava continuamente a inteligência dos seus discípulos e os estimulava a abrir as janelas de suas mentes. Os pensamentos dele eram novos e originais e iam contra todos os paradigmas desses discípulos, contra tudo o que tinham aprendido como modelo de vida. Por isso, tinha um grande desafio pela frente. Precisava romper-lhes a rigidez intelectual e conduzi-los a se colocarem como aprendizes diante da sinuosa e turbulenta trajetória de vida. Quem ele escolheu como discípulos? Os intelectuais ou os iletrados?

Estranhamente Cristo não escolheu como discípulos para revelar seu propósito e executar seu projeto um grupo de intelectuais da época, representados por escribas e fariseus. Estes tinham a grande vantagem de possuir uma cultura milenar e uma refinada capacidade de raciocínio. Além disso, alguns o admiravam muito. Porém, pesava contra eles o orgulho, a autossuficiência e a rigidez intelectual, o que impedia que se abrissem para outras possibilidades de pensar.

O orgulho e a autossuficiência infectam a sabedoria e a arte de pensar

O orgulho e a autossuficiência dos escribas e fariseus obstruíam suas inteligências e os encerravam num cárcere intelectual. Na escola de Cristo, o orgulho e a autossuficiência infectam a sabedoria e abortam a arte de pensar. Nela, ninguém se diploma, todos são "eternos" aprendizes. Todos devem ter a postura intelectual de uma criança, que é aberta, sem preconceitos e com grande disposição para aprender (*Marcos 10:15*).

Cristo demonstrava que precisava de algo mais que admiradores e simpatizantes de sua causa. Precisava de uma mente aberta, de um espírito livre e sedento. Ele não desistiu dos escribas e dos fariseus, mas, em vez de insistir com eles, preferiu começar tudo de novo, e procurou pessoas aparentemente desqualificadas para executar um projeto mais profundo e transcendental. Escolheu um grupo de incultos pescadores que provavelmente não conheciam nada além dos limites do mar da Galileia, que nunca pensaram em caminhar dentro de si mesmos e desenvolver a arte de pensar, pessoas que nunca refletiram mais profundamente sobre os mistérios da existência ou sonharam em ser mais do que simples pescadores ou coletores de impostos.

O mundo intelectual e espiritual daqueles homens era muito pequeno. Todavia, um mestre intrigante passou por eles, abriu suas mentes e despertou neles um espírito sedento que mudaria para sempre suas trajetórias de vida.

Cristo tomou uma atitude arriscada, corajosa e desafiadora. Fez uma escolha incomum para levar a cabo o seu complexo desejo. Escolheu um grupo de homens iletrados e sem grandes virtudes intelectuais para transformá-los em engenheiros da inteligência e torná-los propagadores (apóstolos) de um plano que abalaria o mundo, atravessaria os séculos e conquistaria centenas de milhões de pessoas de todos os níveis culturais, sociais e econômicos.

CAPÍTULO 9

Investindo em sabedoria diante dos invernos da vida

Os princípios da matemática emocional

Muitos investem boa parte de sua energia física e psicológica em aplicar dinheiro nas bolsas de valores, em adquirir bens materiais, em ter um carro do último tipo, em contratar um bom plano de previdência. Apesar de legítima, a segurança financeira é totalmente insuficiente para satisfazer as necessidades mais íntimas do ser humano, para dar sentido à sua existência, enriquecer seu prazer de viver e amadurecer sua personalidade.

Tratei de diversas pessoas com transtornos depressivos que eram financeiramente ricas, mas que tinham perdido o encanto pela vida. Várias confessaram que sentiam inveja das pessoas simples que, embora não tivessem cultura nem suporte financeiro, sorriam diante dos pequenos eventos da vida.

Lembro-me de um grande empresário agroindustrial que me disse que alguns dos seus empregados cortadores de cana eram mais ricos do que ele, pois, apesar da miséria material, conseguiam cantar e se alegrar enquanto trabalhavam. De fato, há miseráveis que moram em palácios e ricos que moram em barracos...

Não estou fazendo apologia da miséria, pelo contrário, a miséria em todos os sentidos deveria ser extirpada da sociedade, mas quero dizer que a psique humana é tão complexa que desobedece às regras da matemática financeira. A matemática emocional tem, felizmente, princípios que ultrapassam os limites da matemática lógica. Ter não é ser. Quem tem dez casas não tem dez vezes mais prazer na vida ou dez vezes mais segurança emocional do que quem tem um casebre. Quem tem um milhão de dólares não é milhares de vezes mais alegre do que quem só possui alguns míseros trocados.

É possível possuir muito financeiramente e ser emocionalmente triste, infeliz. É possível ter riquezas materiais e baixa capacidade de contemplação do belo. A matemática emocional pode inverter os princípios da matemática financeira, principalmente para quem aprende a investir em sabedoria. O processo de construção da inteligência é um espetáculo tão sofisticado que promove atos inesperados e cenas imprevisíveis ao longo da vida.

Todos comentam sobre a miséria física porque é perceptível aos olhos, mas raramente se fala sobre a miséria emocional que abate o ânimo e restringe o prazer da existência. A temporalidade da vida é muito curta. Num instante somos jovens e em outro somos velhos. As crianças gostam de fazer aniversário. Quando chega a maturidade, queremos parar o tempo, mas ele não para. A brevidade da vida deveria nos fazer buscar a sabedoria e dar um sentido mais rico à existência. Caso contrário, o tédio e a angústia serão parceiros íntimos de nossa trajetória.

Investindo em sabedoria: as dores da existência sob outra perspectiva

Cristo objetivava que seus discípulos se tornassem grandes investidores em sabedoria. Ele não queria que o ser humano tivesse uma meta existencial superficial e pobre. Ao investigarmos sua história, constatamos que para ele cada pessoa era um ser único e deveria viver sua vida como um espetáculo singular. Por isso, ele aproveitava cada oportunidade para treinar seus discípulos a crescer diante das limitações e das fragilidades humanas (*Marcos 7:20-23*). Procurava abrir-lhes o horizonte intelectual para que pudessem ver os sofrimentos sob outra perspectiva.

As dores da existência – tanto as físicas quanto, principalmente, as psicológicas – deveriam ser aliviadas. Todavia, para Cristo, elas deveriam ser usadas para lapidar as arestas da personalidade. O ser humano aprende facilmente a lidar com seus sucessos e ganhos, mas tem grande dificuldade de aprender a lidar com seus fracassos e perdas. Vivemos em sociedades que negam as dores da existência e superdimensionam a busca do sucesso. Qualquer pessoa aprende a lidar bem com as primaveras da vida, mas só os sábios aprendem a viver com dignidade nos invernos existenciais.

O fato de sermos seres que pensam e têm consciência nos torna uma espécie muito complexa e, por vezes, complicada. Uma espécie que cria seus próprios inimigos. A cada momento penetramos nos labirintos da memória e formamos ricas cadeias de pensamentos sem saber como encontrar os endereços das informações na memória. Pensar é um espetáculo. Porém, tanto pode ser um espetáculo de prazer como de terror. Se o mundo das ideias que construímos no palco de nossas mentes é negativo, fazemos de nossas vidas um espetáculo de angústia, ainda que possamos ter privilégios exteriores.

Frequentemente, o ser humano é o maior algoz de si mesmo. Muitos sofrem por antecipação, fazem o "velório antes do tempo". Os problemas ainda não ocorreram e eles já estão sofrendo antecipadamente. Outros ruminam o passado e mergulham numa esfera de sentimento de culpa. O peso da culpa está sempre ferindo-os. Outros, ainda, se autodestroem pela hipersensibilidade emocional que possuem; pequenos problemas têm um eco intenso dentro deles. As pessoas hipersensíveis costumam ser ótimas para os outros, mas péssimas para si mesmas. Quando alguém as ofende, estraga-lhes o dia e, às vezes, até sua semana. Para essas pessoas, a magnífica construção de pensamentos deixa de ser um espetáculo de entretenimento para se tornar uma fonte de ansiedade.

Se não reciclarmos as ideias de conteúdo negativo, se não trabalharmos o sentimento de culpa e repensarmos a hipersensibilidade emocional, facilmente desenvolveremos depressão ou estresse acompanhados de sintomas psicossomáticos. Pensar não é uma opção do ser humano. Pensar, como vimos, é um processo inevitável. Ninguém consegue interromper o fluxo de pensamentos, mas é possível gerenciar com certa maturidade os pensamentos e as emoções; caso contrário, tornamo-nos vítimas de nossa própria história. Se não formos agentes modificadores de nossa história, se não a reescrevermos com maturidade, certamente seremos vítimas dos invernos existenciais.

Reescrever a história é o papel fundamental do ser humano. Precisamos incorporar a necessidade desse capital intelectual.

Cristo extraía sabedoria da sua miséria

Cristo estava sempre conduzindo as pessoas a reescreverem suas histórias e a não serem vítimas das intempéries sociais e dos sofrimentos que viviam. Ele se preocupava com o desenvolvimento das funções mais altruístas da inteligência. Desejava que as pessoas tivessem domínio próprio, administrassem os pensamentos e aprendessem a trafegar nas avenidas da perseverança diante das dificuldades da vida.

Jesus foi ofendido diversas vezes, porém sabia proteger a sua emoção. Alguns fariseus diziam que ele era o principal dos demônios. Para alguém que se colocava como o "Cristo", essa ofensa era muito grave. Mas as ofensas não o atingiam. Somente uma pessoa forte e livre é capaz de refletir sobre as ofensas e não ser ferida por elas. Ele era forte e livre em seus pensamentos, por isso podia dar respostas excepcionais em situações em que dificilmente havia espaço para pensar, em situações em que facilmente a ira nos invadiria.

Nem mesmo a possibilidade de ser preso e morto a qualquer momento parecia perturbá-lo. Ele transcendia as circunstâncias que normalmente nos sobrecarregariam de ansiedade. Tinha muitos opositores, todavia manifestava com ousadia seus pensamentos em público. Tinha todos os motivos para sofrer de insônia, contudo não perdia noite de sono, dormindo até em situações turbulentas.

Certa vez, os discípulos, que sendo pescadores eram especialistas em mar, ficaram intensamente apavorados diante de uma grande turbulência marítima. Enquanto eles estavam desesperados, Cristo dormia. Ele não era pescador nem estava acostumado a viajar de barco. Quem não está habituado a navegar costuma sentir enjoo na viagem, principalmente se o mar estiver agitado. Desesperados, os discípulos o despertaram. Acordado, ele censurou o medo e a ansiedade deles e com um gesto acalmou a tempestade. Os discípulos, mais uma vez intrigados, perguntavam entre si: *"Quem é este que até o vento e o mar lhe obedecem...?"* (*Lucas 8:22-25*) O que quero enfatizar aqui não é o ato sobrenatural de Cristo, mas a tranquilidade que demonstrava diante das situações em que o desespero imperava.

Ele agia com serenidade quando todos ficavam apavorados. Preservava sua emoção das contrariedades. Muitos fazem de suas emoções um depósito de lixo. Não filtram os problemas, as ofensas, as dificuldades por que passam. Pelo contrário, elas os invadem com extrema facilidade, gerando angústia e estresse. Todavia, Cristo não se deixava invadir pelas turbulências da vida. Ele administrava a sua emoção com exímia habilidade, pois filtrava os estímulos angustiantes, estressantes.

Não apenas o medo não fazia parte do seu dicionário da vida, mas também o desespero, a ansiedade, a insegurança e a instabilidade.

Os discípulos contemplavam seu mestre atenta e embevecidamente e assim, pouco a pouco, aprendiam com ele a ser fortes e livres interiormente, bem como seguros, tranquilos e estáveis nas situações tensas.

Todos elogiam a primavera e esperam ansiosamente por ela, pois pensam que as flores surgem nessa época do ano. Na realidade, as flores surgem no inverno, ainda que clandestinamente, e se manifestam na primavera. A escassez hídrica, o frio e a baixa luminosidade do inverno castigam as plantas, levando-as a produzir metabolicamente as flores que desabrocharão na primavera. As flores contêm as sementes, e as sementes nada mais são que uma tentativa de continuação do ciclo da vida das plantas diante das intempéries que atravessam no inverno. O caos do inverno é responsável pelas flores da primavera.

Ao analisar a história de Cristo, fica claro que os invernos existenciais pelos quais ele passava não o destruíam, pelo contrário, geravam nele uma bela primavera existencial, manifesta em sua sabedoria, amabilidade, tranquilidade, tolerância, capacidade de compreender e superar os conflitos humanos.

Todo ser humano passa por invernos existenciais

Toda e qualquer pessoa passa por turbulências em sua vida. As dores geradas por problemas externos ou por fatores internos são os fenômenos mais democráticos da existência. Um rei pode não ter problemas financeiros, mas pode ter problemas internos. A princesa Diana era elegante e humanística e não atravessava problemas financeiros, mas, pelo que consta, possuía dores emocionais intensas, sofria crises depressivas. Talvez sofresse mais do que muitos miseráveis da África ou do Nordeste brasileiro.

As pessoas que passam por dores existenciais e as superam

com dignidade ficam mais bonitas e interessantes interiormente. Quem passou pelo caos da depressão, da síndrome do pânico ou de outras doenças psíquicas e o superou se torna mais rico, belo e sábio. A sabedoria torna as pessoas mais atraentes, ainda que o tempo sulque a pele e imprima as marcas da velhice.

Uma pessoa que tem medo do medo, medo da sua depressão, das suas misérias psíquicas e sociais, tem menos equipamento intelectual para superá-las. O medo alimenta a dor. Aprender a enfrentar o medo, a atuar com segurança nos sofrimentos e a reciclar as causas que patrocinam os conflitos humanos conduz uma pessoa a reescrever sua história.

Todos nós gostamos de viver as primaveras da vida, viver uma vida com prazer, com sentido, sem tédio, sem turbulências, em que os sonhos se tornem realidade e o sucesso bata à nossa porta. Entretanto, não há um ser humano que não atravesse invernos existenciais. Algumas perdas e frustrações que vivemos são imprevisíveis e inevitáveis. Quem consegue evitar todas as dores da existência? Quem nunca teve momentos de fragilidade e chorou lágrimas úmidas ou secas? Quem consegue evitar todos os erros e fracassos? O ser humano, por mais prevenido que seja, não pode controlar todas as variáveis da vida e evitar determinadas angústias.

Todos passamos por focos de tensão. As preocupações existenciais, os desafios profissionais, os compromissos sociais e os problemas nas relações interpessoais geram continuamente focos de tensão que, por sua vez, geram estresse e ansiedade. Esses focos podem exercer um controle sobre a inteligência que nos impede de ser livres, tanto na construção quanto no gerenciamento dos pensamentos. Às vezes, a atuação dos focos de tensão é tão dramática que exerce uma verdadeira ditadura sobre a inteligência.

Quem cuida apenas da estética do corpo e descuida do enriquecimento interior vive a pior solidão, a de ter abandonado a si mesmo em sua trajetória existencial. As pessoas que vivem preocupadas com cada grama de peso fazem de suas vidas uma fonte de ansiedade. Elas têm grande dificuldade de superar as contrariedades, as contradições e os focos de tensão que surgem na trajetória existencial.

A ditadura dos focos de tensão torna o ser humano uma vítima de sua história, e não um agente construtor dela, um autor que reescreve seus principais capítulos. É mais fácil sermos vítimas do que autores de nossa história. Muitas pessoas são marionetes das circunstâncias da vida, não conseguindo redirecionar e repensar suas histórias.

Cristo via as dores da vida sob outra perspectiva. Enfrentava as contrariedades sem desespero, não tinha medo da dor nem das frustrações pelas quais passava. Muitos o decepcionavam, até os seus íntimos discípulos o frustravam, mas ele absorvia aquelas frustrações com tranquilidade. Como mestre da escola da existência, treinava continuamente seus discípulos para superarem seus focos de tensão, para enfrentarem seus medos e seus fracassos. Assim, poderiam reescrever suas histórias e corrigir suas rotas com maturidade.

Certo dia, Jesus teve um diálogo curto e cheio de significado com seus discípulos. Disse: "*No mundo passais por várias aflições, mas tende bom ânimo, pois eu venci o mundo.*" Ele reconheceu que a vida humana é sinuosa e possui turbulências inevitáveis, encorajou seus íntimos a não se intimidarem diante das aflições da existência, mas se equiparem com ânimo e determinação para superá-las. Disse que tinha vencido o mundo, superado as intempéries da vida, o que indica que ele não vivia sua vida de qualquer maneira, mas com consciência, com metas bem estabelecidas, como se fosse um atleta.

Produzindo uma escola de sábios

Cristo teve um nascimento indigno, e os animais foram suas primeiras visitas. Provavelmente, até as crianças mais pobres têm um nascimento mais digno do que o dele. Quando tinha dois anos, deveria estar brincando, mas já enfrentava grandes problemas. Era ameaçado de morte por Herodes. Poucas vezes uma criança frágil e inocente foi tão perseguida como ele. Fugiu com seus pais para o Egito, fez longas jornadas desconfortáveis, a pé ou no lombo de animais. Tinha uma inteligência incomum para um adolescente, sendo admirado aos 12 anos por doutores do templo. Todavia, tornou-se um carpinteiro, tendo de labutar para sobreviver.

Quando manifestou seus pensamentos ao mundo, causou grande turbulência. Foi amado por muitos, mas na mesma proporção foi perseguido, rejeitado e odiado por aqueles que detinham o poder político e religioso em sua época. Foi incompreendido, rejeitado, esbofeteado, cuspido e ferido física e psicologicamente. Cristo tinha todos os motivos para ser tenso, irritado, angustiado, revoltado. Em vez disso, expressava tranquilidade, capacidade de amar, de tolerar, de superar seus focos de tensão e, como disse, até de fazer poesia da sua miséria.

Apesar de passar por tantas dificuldades ao longo de sua vida, era uma pessoa alegre. Talvez não exibisse largos e fartos sorrisos, mas era alegre no seu interior, provavelmente mais do que possamos imaginar. Pouco antes do seu martírio, manifestou o desejo de que os discípulos provassem da alegria que ele desfrutava, da alegria completa (*João 14:28; 16:20-22*). Há pessoas que têm bons motivos para serem felizes, mas estão sempre insatisfeitas, descontentes com o que são e possuem. Todavia, Cristo, apesar de ter todos os motivos para ser uma pessoa triste, se mostrava feliz e sereno.

Como é possível alguém que sofreu tanto desde a infância mostrar-se tão tranquilo, capaz de não perder a paciência quando contrariado e de superar as contrariedades da vida com serenidade? Como é possível alguém que foi tão rejeitado e incompreendido fazer crer que não apenas era alegre, mas que também possuía uma fonte de alegria que poderia propiciar ao ser humano prazer e sentido existencial plenos? Cristo era um grande investidor em sabedoria. Seus sofrimentos o tornavam mais tranquilo ao invés de mais tenso. As dores não o desanimavam nem causavam conflitos psíquicos como normalmente ocorre conosco.

Cristo demonstrava ser um excelente gerente dos seus pensamentos. Pela maneira como se comportava, pode-se concluir que, quando passava por frustrações e contrariedades, não gravitava em torno do estímulo estressante.

Consequentemente, seus pensamentos não ficavam hiperacelerados, mas aquietavam-se no palco de sua mente. Isso fazia com que ele os administrasse facilmente e produzisse respostas calmas e inteligentes em situações tensas.

É difícil construir uma história de prazer quando nossas vidas transcorrem num deserto. É difícil nos doarmos sem esperar o retorno das pessoas, não sofrermos quando elas não correspondem às nossas expectativas. É igualmente difícil administrar os pensamentos nos focos de tensão. Não conheço um psiquiatra ou psicólogo que tenha capacidade de preservar sua emoção de estresses e investir em sabedoria como Cristo. Ele foi o Mestre dos Mestres numa escola onde muitos intelectuais se comportam como fracos alunos.

Cristo não queria fundar uma corrente de pensamento psicológico. Seu projeto era muito mais ambicioso e sofisticado. Entretanto, sua psicologia tinha uma complexidade ímpar. A psicologia clássica nasceu como ciência há cerca de um século, mas Cristo, vinte séculos antes, exercia uma psicologia preventiva e educacional no mais alto nível.

Os discípulos aprenderam, pouco a pouco, a lidar com maturidade com seus sentimentos de culpa, seus erros, suas dificuldades; a transitar com dignidade por seus invernos existenciais. Compreenderam que seu mestre não exigia que fossem super-homens, que não fracassassem, não atravessassem dificuldades nem tivessem momentos de hesitação, mas que aprendessem a ser fiéis à sua própria consciência, que se colocassem como aprendizes diante da vida e se transformassem paulatinamente.

A esse respeito, o mestre contou a história de um homem que encontrou uma pérola preciosíssima. Esse homem vendeu o que tinha para adquiri-la (*Mateus 13:45-46*). O ato de vender, aqui, é figurado, não significa vender os bens materiais, mas desobstruir a inteligência, o espírito humano, desfazer-se das coisas inúteis, para poder cultivar a pérola dentro de si mesmo. Há muitos significados para a palavra pérola, sendo um deles a sabedoria, ligada ao seu projeto transcendental. O sábio rei Salomão dizia a respeito dela: *"Feliz o homem que encontra a sabedoria... porque melhor é o lucro que ela dá do que o da prata, melhor a sua renda do que o ouro mais fino"* (*Provérbios 3:13-14*).

Nas salas de aula das escolas clássicas, manter os alunos em silêncio já é uma grande vitória. Se, além disso, eles incorporarem o conhecimento e forem bem nas provas, pode-se dizer que houve um grande êxito. E ainda se forem criativos e aprenderem algumas lições de cidadania, isto seria o máximo do êxito educacional. Na escola da existência de Cristo a exigência era muito maior. Não bastava conquistar essas funções da inteligência; era necessário investir em sabedoria, gerenciar os pensamentos nos focos de tensão, enfrentar o medo, usar os erros e fracassos como fatores de crescimento, reescrever suas próprias histórias.

Cristo colocou seus discípulos numa escola de sábios. Sábios que foram pessoas comuns por fora, mas especiais por dentro. Sábios que viveram uma vida plena, ainda que simples exteriormente.

CAPÍTULO 10

Um contador de histórias que sabia lidar com os papéis da memória e estimular a arte de pensar

Usando a arte da pergunta e da dúvida

Estudar a ousada, criativa e elegante inteligência de Cristo poderia expandir a arte de pensar dos estudantes de qualquer idade e nível escolar, do ensino fundamental ao universitário. Entre as habilidades da sua inteligência estão a arte da pergunta e a arte da dúvida.

Grande parte dos alunos das escolas clássicas não desenvolve a arte da pergunta e a arte da dúvida. Eles têm receio de perguntar, de expor suas dúvidas e de discutir abertamente os conhecimentos que lhes são transmitidos. Os dois ou três anos em que os alunos ficam enfileirados numa sala de aula sem serem estimulados a expandir a arte da pergunta e a arte da dúvida são suficientes para causar uma sequela intelectual que os deixará inibidos por toda a vida. Nunca mais, mesmo quando adultos, eles conseguirão fazer perguntas sem sentirem um grande desconforto, principalmente quando estiverem em público.

Alguns, ao erguerem a mão para fazerem perguntas em público, suam frio, ficam com a boca seca e têm até taquicardia.

A grande maioria de nós possui essa sequela causada ou perpetuada por princípios de uma educação que se arrasta por séculos. Qual o leitor que não sente desconforto emocional ao fazer perguntas em público? Muitos, apesar de inteligentes, possuem tanta inibição social que durante toda a vida jamais se soltarão, prejudicando, com isso, seu desempenho social e profissional. A escola clássica precisa reverter esse processo. Os princípios da inteligência de Cristo podem contribuir muito para isso.

O incentivo que se dá à arte da pergunta e à arte da dúvida é tão frágil nas escolas clássicas que é insuficiente para estimular a arte de pensar. O deleite do saber foi reduzido. A resposta é oferecida de maneira pronta, elaborada. A resposta pronta esmaga a arte da pergunta, retrai a arte da dúvida, esgota a curiosidade e a criatividade.

O que é mais importante: a resposta ou a dúvida? No primeiro momento, sempre é a dúvida. Ela nos esvazia e estimula o pensamento. O que determina a dimensão da resposta é a dimensão da dúvida. Qualquer computador pode oferecer milhões de respostas, mas nenhum deles jamais conseguirá desenvolver qualquer tipo de dúvida, possuir qualquer momento de hesitação. Os computadores são meros escravos de estímulos programados. A criança abandonada que perambula pelas ruas produz diariamente fenômenos psicológicos, como aqueles ligados à dúvida e à curiosidade, que os computadores jamais conseguirão produzir.

O maior trabalho de um mestre não é fornecer respostas, mas estimular seus alunos a desenvolverem a arte de pensar. Todavia, não há como estimulá-los a pensar se não aprenderem sistematicamente a perguntar e duvidar.

Cristo era um exímio perguntador. Era um mestre que estimulava continuamente as pessoas a duvidarem dos seus dogmas e a desenvolverem novas possibilidades de pensar. Quem analisar com atenção as suas biografias descobrirá essa característica de sua personalidade. Às vezes, ele mais perguntava do que respondia. Há várias situações em que respondia às perguntas não com respostas, mas com novas perguntas (*Lucas 20:2-3*).

Como Cristo poderia abrir as janelas das mentes das pessoas para um projeto tão sofisticado como o seu, que implicava uma verdadeira revolução interior? Ele precisava libertar o pensamento para que as pessoas, principalmente aquelas de mente aberta e espírito sedento, pudessem compreendê-lo. Sabia que a arte da pergunta gerava a arte da dúvida e que a dúvida rompia o cárcere intelectual, abrindo os horizontes do pensamento. Seu procedimento intelectual supera com vantagem as técnicas propostas por muitas teorias educacionais.

Certa vez, Cristo perguntou aos seus discípulos: *"Que diz o povo sobre quem eu sou?"* Ele sabia o que o povo dizia dele, mas fazia perguntas para estimular seus discípulos a pensarem. Outra vez, perguntou à mulher adúltera: *"Mulher, onde estão os teus acusadores?"* Ele sabia que os acusadores já haviam se retirado, pois ficaram perturbados diante da sua inteligência, mas queria que aquela mulher se interiorizasse e refletisse sobre sua própria história.

Um dia, os fariseus perguntaram sobre sua origem, pois queriam condená-lo por suas próprias palavras. E como Cristo conhecia a intenção deles, respondeu com outra pergunta sobre a origem de João Batista. Para cortar as raízes da hipocrisia dos seus acusadores, ele os conduziu a falar sobre seu famoso precursor, aquele que todo o povo considerava um profeta. Se os fariseus negassem João, o povo se revoltaria contra eles; se o reconhecessem, teriam que aceitar o mestre que ele anunciava, Cristo. Então, constrangidos, os fariseus preferiram se omitir e disseram que não sabiam. Com isso, Cristo, que estava numa situação delicada e não gostava de se exibir, se sentiu desobrigado a responder sobre sua origem. Assim, como muitas vezes fez, ele chocou a inteligência dos fariseus com a arte da pergunta. Muitos ficaram admirados com sua sabedoria.

Cristo constantemente propunha parábolas. Ele se preocupava mais com a arte da pergunta do que em satisfazer a ansiedade pela resposta. Ninguém gosta da dúvida, ninguém gosta de se sentir inseguro. Todos nós gostamos da certeza, da resposta completa. Todavia, ninguém consegue sucesso intelectual, social ou mesmo espiritual se não aprender a se esvaziar e questionar sua rigidez duvidando de si mesmo. Uma pessoa autossuficiente engessa sua inteligência, permanece numa mesmice sem fim.

Cristo queria que seus discípulos assumissem uma outra natureza e fossem transformados em suas raízes íntimas. Ele discorria sobre o "consolador, o Espírito Santo". A psicologia não tem elementos para estudar esse assunto, pois ele entra na esfera da fé. Porém, ela pode estudar os objetivos da escola da existência de Cristo.

O Mestre dos Mestres fornecia poucas regras e poucos ensinamentos religiosos. Sua preocupação fundamental era conduzir homens e mulheres a caminharem nas trajetórias do seu próprio ser e a ampliarem seu foco de visão sobre os amplos aspectos da existência. A atuação surpreendente de Cristo, numa época em que não havia qualquer recurso pedagógico, valoriza muito o papel dos mestres na sociedade moderna.

Os professores são heróis anônimos, fazem um trabalho clandestino. Eles semeiam onde ninguém vê, nos bastidores da mente. Aqueles que colhem os frutos dessas sementes raramente se lembram da sua origem, do labor dos que as plantaram. Ser um mestre é exercer um dos mais dignos papéis intelectuais da sociedade, embora um dos menos reconhecidos. Os alunos que não conseguem avaliar a importância dos seus mestres na construção da inteligência nunca conseguirão ser mestres na sinuosa arte de viver.

A história de Cristo evidencia que os mestres são insubstituíveis numa educação profunda, numa educação que promove o desenvolvimento da inteligência multifocal, aberta e ampla, e não unifocal, fechada e restrita.

Um agradável contador de histórias

Cristo era um agradável contador de histórias, paciente e carismático na arte de ensinar. Era um privilégio estar ao lado dele. Cativava até seus opositores. Transmitia ensinamentos complexos com histórias simples. Estava sempre contando uma história que pudesse atrair as pessoas e estimulá-las a pensar.

Um mestre eficiente não apenas cativa a atenção dos seus alunos e não causa tédio quando ensina, mas os conduz a imergir no conhecimento que expõe. Por isso, um mestre eficiente precisa ser mais do que eloquente, precisa ser um bom contador de histórias. Como tal, Cristo estimulava o prazer de aprender, retirava os alunos da condição de espectadores passivos do conhecimento para se tornarem agentes ativos do processo educacional, do processo de transformação.

Cristo não frequentou uma escola de pedagogia, porém possuía uma técnica excelente. Ensinava de maneira interessante e atraente, contando histórias. Sua criatividade impressionava. Nas situações mais tensas, ele não se apertava, pois sempre achava espaço para pensar e contar uma história interessante que envolvesse as pessoas que o cercavam (*Lucas 15:1-32*). Um bom contador de histórias é insubstituível e insuperável por qualquer técnica pedagógica, mesmo que ela use recursos modernos.

Em muitas escolas, os alunos, os professores e o conhecimento que transmitem estão em mundos diferentes. Uns não entram no mundo dos outros. Os alunos não entram na história dos professores, os professores não entram na história dos alunos, e ambos não entram na história do conhecimento, ou seja, nas dificuldades, nos problemas, nas dúvidas que os cientistas e pensadores enfrentaram para produzir o conhecimento que é transmitido friamente em sala de aula. Na escola da existência de Cristo era diferente. Ele conseguia transportar seus alunos para dentro do conhecimento que transmitia. Eles penetravam na história de Cristo e vice-versa.

Analisando os meandros das biografias de Cristo, constatamos que ele conhecia muito bem os papéis da memória. Sabia que a memória não era um depósito de informações. Sabia que era melhor estimular seus discípulos a desenvolverem a arte de pensar do que dar-lhes uma quantidade enorme de informações "secas" que teriam pouca relação com as experiências de vida e seriam logo esquecidas.

Se Cristo fosse um professor de biologia da atualidade, certamente não gastaria muito tempo dando inúmeros detalhes "frios" sobre as células. Ele contaria boas histórias que pudessem conduzir os alunos a entrar "dentro" delas. Se fosse um professor de física, de química e até de línguas, também contaria histórias que conduziriam os alunos a imergir no conhecimento que expunha. Com o tempo, como acontece normalmente na educação clássica, os alunos perderiam diversos detalhes das informações que ele teria exposto, mas nunca mais se esqueceriam da essência da história contada. Suas histórias e o esboço que elas produziriam na memória dos alunos funcionariam como base para que eles se tornassem engenheiros de ideias.

O conhecimento na boca desse mestre ganhava vida, se personalizava. Cristo usava a memória humana como um alicerce intelectual para que seus discípulos se tornassem pensadores. Não apreciava uma plateia passiva. Por isso, gostava de instigar e provocar (*Lucas 10:25-37*).

Seus ensinamentos eram mais difíceis de compreender do que os de matemática, física e química, pois envolviam questões existenciais, ansiedades, expectativas de vida, inseguranças, solidariedade, cooperação social, enfim, envolviam os pensamentos mesclados com as emoções. Esse era mais um motivo pelo qual ele expressava que era mais importante transmitir informações qualitativas do que quantitativas. Por isso, nas suas interessantes histórias, ele dizia muito com poucas palavras. Às vezes, quando queria fazer uma crítica contundente aos seus ouvintes, em vez de ser indelicado com eles, contava uma história ou uma parábola para fazê-los pensar.

Cristo era um grande semeador de princípios, de pensamentos e de vida. A parábola do filho pródigo, a das virgens néscias e prudentes, a dos talentos e tantas outras representam uma didática excelente desse contador de histórias, desse plantador de sementes que queria que as pessoas se interiorizassem, reciclassem sua postura superficial de vida, se livrassem das preocupações exageradas da existência e se tornassem terra fértil, capaz de produzir muitos frutos. Há muito o que dizer sobre o conteúdo das histórias de Cristo; entretanto, isso ficará para outra oportunidade.

Pais, executivos, profissionais liberais, enfim, qualquer ser humano que compreender melhor os papéis da memória e se tornar um contador de histórias terá um desempenho intelectual mais eficiente e um trânsito mais livre nas relações sociais. Tenho procurado ser um contador de histórias para as minhas três filhas. Toda vez que quero vaciná-las contra o individualismo e contra a discriminação, mostro-lhes a necessidade de dar mais valor ao "ser" do que ao "ter", estimulo-as a superarem o medo, a reconhecerem suas limitações e a ultrapassarem seus focos de tensão. Procuro fazer isso contando-lhes histórias. Elas aprenderam a apreciar tanto essas histórias que, mesmo quando estou sonolento, prestes a dormir, me pedem que eu lhes conte.

Um dia, uma professora recém-chegada da África foi bombardeada pela curiosidade dos alunos sobre aquele continente. Eles lhe perguntaram como as pessoas viviam, quais os países que ela visitara, que experiências tivera. Porém, ela se calou e se aborreceu com a invasão de sua história por seus alunos. Aquela professora só estava preparada para dar as informações programadas para aquele dia. Cruzar a sua história com a dos alunos era um absurdo para ela. O conhecimento que transmitia era impessoal, não tinha rosto, não tinha história. Para ela, a memória dos alunos funcionava como um mero depósito de informações.

Essa professora não compreendeu que a escola clássica deve se ligar por uma grande e larga ponte com a escola da existência. Não compreendeu que um dos papéis fundamentais da memória não é a lembrança, mas a reconstrução das informações, e que o objetivo fundamental da memória não é ser um depósito delas, mas preparar o ser humano para tornar-se um engenheiro de novas ideias, e não um pedreiro das mesmas obras. Certamente, ela perdeu uma grande oportunidade de cativar seus alunos, estimulá-los a pensar e mesclar o conhecimento frio com uma bela história.

Cristo rompia a impessoalidade e a frieza do conhecimento. Os ensinamentos que transmitia ganhavam vida e se fundiam com a sua própria história. As pessoas se sentiam privilegiadas em estar ao seu lado e ouvi-lo. Os fariseus ficavam tão atraídos pela maneira como ele expressava suas ideias, que, mesmo sendo seus opositores, estavam sempre perto dele. É raríssimo uma pessoa sofrer tanta oposição e, ao mesmo tempo, despertar tanta curiosidade.

Jesus não tinha receio de falar de si mesmo e da história dos seus discípulos. Ele dinamizava as relações interpessoais. Para esse contador de histórias, ensinar não era uma fonte de tédio, de estresse, de obrigação, mas uma aventura doce e prazerosa.

O discurso de Cristo sobre dar a outra face

Quando Cristo queria mostrar a necessidade vital de tolerância nas relações sociais, ele não proferia inúmeras aulas sobre o assunto, mas novamente usava gestos surpreendentes. Ele dizia que, se alguém fosse agredido numa face, devia oferecer a outra, e por diversas vezes ele deu a outra face a seus opositores, ou seja, não revidava quando o agrediam ou o ofendiam. Ele não se referia à face física, da agressão física que compromete a preservação da vida. Ele falava da face psicológica.

Se fizermos uma análise superficial, poderemos nos equivocar e crer que dar a outra face pode parecer uma atitude frágil e submissa. Todavia, cabe aqui a pergunta: dar a outra face é sinal de fraqueza ou de força? Quando alguém dá a outra face, isso incomoda pouco ou muito uma pessoa agressiva e injusta? Se analisarmos a construção da inteligência, constataremos que dar a outra face não é sinal de fraqueza, mas de força e segurança. Só uma pessoa forte é capaz desse gesto. Só uma pessoa segura dos seus próprios valores é capaz de elogiar o seu agressor. Quem dá a outra face não se esconde, não se intimida, mas enfrenta o outro com tranquilidade e segurança.

Quem dá a outra face não tem medo do agressor, pois não se sente agredido por ele, nem tem medo de sua própria emoção, pois não é escravo dela. Além disso, nada perturba tanto uma pessoa agressiva como alguém lhe dar a outra face, não revidar sua agressividade com agressividade. Dar a outra face incomoda tanto, que é capaz de causar insônia no agressor. Nada incomoda tanto uma pessoa agressiva como o outro ter atitudes complacentes com ela.

Dar a outra face é respeitar o outro, é procurar compreender os fundamentos da sua agressividade, é não usar a violência contra a violência, é não se sentir agredido diante das ofensas. Somente uma pessoa livre, segura e que não gravita em torno do que os outros pensam e falam dela é capaz de agir com tanta serenidade.

A psicologia do "dar a outra face" protege emocionalmente a pessoa agredida e, ao mesmo tempo, provoca a inteligência das pessoas violentas, estimulando-as a pensar e reciclar a própria violência.

Cristo era uma pessoa audaciosa, corajosa, que enfrentava sem medo as maiores dificuldades da vida. Era totalmente contrário a qualquer tipo de violência. Todavia, ele não pregava sobre a prática da passividade. A humildade que proclamava não era fruto do medo, da submissão passiva, mas da maturidade da personalidade, fruto de uma emoção segura e serena.

Com o discurso de dar a outra face, Cristo queria proteger a pessoa agredida, fazê-la transcender a agressividade imposta pelo outro e, ao mesmo tempo, educar o agressor, levá-lo a perceber que a sua agressividade é um sinal de fragilidade. Nunca o agressor foi combatido de maneira tão intensa e tão elegante!

Na proposta de Cristo, o agressor passa a revisar a sua história e a compreender que se esconde atrás de sua violência.

Com essas palavras, Cristo implodiu os paradigmas que até hoje têm lugar na sociedade, que proclamam que a violência deve ser combatida com a violência. O mestre da escola da existência demonstrou que a força está na tolerância, na complacência e na capacidade de conduzir o outro a se interiorizar.

Lembro-me de um paciente que foi agredido verbalmente por um parente. Esse paciente não ofereceu motivos importantes para ser agredido. Seu agressor foi injusto e muito áspero com ele. Porém, meu paciente foi até o parente e pediu desculpas por tê-lo ferido em alguma coisa. A sua reação de humildade caiu como uma bomba no íntimo do agressor, que emudeceu e ficou perturbado. Naquele momento, ele caiu em si, se interiorizou e enxergou a própria agressividade. Isso o tornou capaz de assumir o seu erro e desculpar-se. Dessa forma, ambos reataram um relacionamento que poderia levar anos para ser reatado e que, talvez, nunca mais fosse o mesmo. O relacionamento que voltaram a ter se tornou mais aberto e mais rico do que antes.

Muitas pessoas têm medo de se reconciliar, de estender a mão para o outro, de pedir desculpas, de passarem por tolas, e por isso defendem suas atitudes e seus pontos de vista com unhas e dentes. Esse procedimento não traz alívio, mas angústia e desgaste. Os pais que aprendem a pedir desculpas aos filhos não perdem a sua autoridade, mas se tornam pessoas admiradas e respeitadas por eles. Somos ótimos em detectar as falhas dos outros, mas míopes para enxergar as nossas.

Jesus combatia a violência com a antiviolência. Ele apagava a ira com a tolerância, reatava as relações usando a humildade.

Com seus gestos, ele marcou para sempre a história de seus discípulos e fez com que o mundo, apesar de não vivenciar seus ensinamentos, o admirasse profundamente. Infelizmente, apesar de haver leis, batalhões de soldados e sistemas de punição, a violência física e psicológica faz parte da rotina da sociedade moderna.

O mundo em que vivemos é violento. A televisão transmite programas violentos. A competição profissional é violenta. Em muitas escolas clássicas, onde deveriam reinar o saber e a tolerância, a violência tem sido cultivada. Violência gera violência. Spinoza, um dos pais da filosofia moderna, que era judeu, declarou que Jesus Cristo era sinônimo de sabedoria e que as sociedades envolvidas em guerras de espadas e guerras de palavras poderiam encontrar nele uma possibilidade de fraternidade.

Um poeta da inteligência que utilizava com grande habilidade o fenômeno RAM

Um quadro é mais eloquente do que mil palavras. Vimos que a memória sofre um registro automático por meio do fenômeno RAM (registro automático da memória). Vimos também que o registro é mais privilegiado quando as experiências contêm mais emoção, mais tensão, seja positiva ou negativa.

Cristo utilizava com destreza o fenômeno RAM. Seus gestos marcaram para sempre a memória dos discípulos e atravessaram gerações. Ele usava a arte de pensar com uma habilidade incrível. Preferia utilizar gestos surpreendentes para educar, transformar, ampliar a visão dos seus discípulos. Seus gestos produziam impactos inesquecíveis na memória dos seus íntimos e eram mais eficientes do que milhares de palavras.

Suas biografias retratam um homem que falava pouco, mas dizia muito. Quando desejava demonstrar que não almejava o poder político, que se importava mais com o interior do ser humano do que com a estética social, optava por não fazer grandes reuniões, conferências ou debates para discutir o assunto. Como comentei, usava simplesmente um gesto surpreendente, que era muito mais representativo e eficiente do que palavras. No auge da sua popularidade, montou num pequeno animal e foi até Jerusalém. Ninguém mais esqueceu aquele gesto audacioso, intrépido, incomum, e a complexa mensagem que ele transmitiu. O fenômeno RAM o registrou de maneira privilegiada, marcando a trajetória existencial dos seus discípulos.

Economizando palavras e discursando com gestos

Pais, professores, executivos raramente conseguem surpreender as pessoas que os circundam e abrir as janelas das suas mentes. Um pai cujo filho passa por problemas como o uso de drogas ou agressividade fica perdido, sem saber como penetrar no interior dele e contribuir para reorganizar a sua vida. A melhor maneira de conquistar alguém é romper a rotina e surpreendê-lo continuamente com gestos inesperados.

Se um pai for repetitivo, racional, crítico e prolixo com o filho, ele empobrece a relação interpessoal e se torna pouco eficiente como educador. Porém, se o surpreender continuamente com gestos inesperados, com momentos de silêncio, com diálogos inteligentes, com elogios agradáveis, certamente ao longo dos meses ele conquistará esse filho e o ajudará a reconstruir sua história. Muitos pais nunca entraram no mundo dos seus filhos, e muitos filhos nunca tiveram o prazer de conhecer seus pais intimamente. Sair do relacionamento superficial e previsível e construir um relacionamento que tenha raízes é uma tarefa brilhante. Conquistar o outro é uma arte, principalmente se o outro for uma pessoa difícil.

Os comportamentos de Cristo produziam raízes profundas

no íntimo das pessoas. Eram mais eloquentes do que dezenas de palestras sobre a necessidade de se doar mutuamente, de buscar ajuda mútua, cooperação social, solidariedade. Quando ele agia, a memória dos que o cercavam era profundamente impregnada com suas atitudes.

Quando queria demonstrar que era contra qualquer tipo de discriminação, economizava no discurso e tinha atitudes inesperadas. Se queria demonstrar que era contra a discriminação por razões estéticas ou doenças contagiosas, ia fazer suas refeições na casa de Simão, o leproso.

Quando queria demonstrar que era contra a discriminação das mulheres, tinha complacência e gestos amorosos para com elas diante das pessoas mais rígidas. Se era contra a discriminação social, ia jantar na casa de coletores de impostos, que eram a "raça" mais odiada pela cúpula judaica.

Cristo era um poeta da inteligência. Utilizava o fenômeno RAM com extrema habilidade. Sabia que a memória humana não funciona como um depósito de informações, mas como um suporte para que o ser humano se torne um pensador criativo. Suas atitudes surpreendentes produziam quadros psicológicos que eram registrados de maneira privilegiada na memória dos discípulos. Esse registro era resgatado e retroalimentado continuamente por eles, enriquecendo o espetáculo da construção de pensamentos e direcionando suas trajetórias de vida.

Muito já se escreveu sobre Cristo, assim como foram feitos diversos filmes e peças teatrais sobre ele. Várias obras retrataram o mestre da escola da existência de maneira muito superficial, sem levar em consideração a sua extraordinária inteligência. Ele é o personagem mais comentado do mundo. Porém, muitos não compreenderam que ele transmitiu ricas mensagens não apenas pelo que falou, mas pelo que não falou, pela eloquência dos seus gestos e pelos seus momentos de silêncio.

CAPÍTULO 11

Superando a solidão: fazendo amigos

A solidão social e a solidão intrapsíquica

Nestes tempos de intensa crise social e educacional, é bom rompermos nossa velha maneira de pensar e nos abrirmos para outras possibilidades. Estudar a inteligência de Cristo pode fornecer princípios sociológicos, psicológicos e psicopedagógicos muito úteis.

O que diremos sobre o paradoxo do florescimento da solidão nas sociedades intensamente adensadas? A solidão, como comentei, é um fenômeno oculto, insidioso, mas muito presente. Vivemos em sociedade, mas a solidão cultiva-se de forma fértil. Esbarramos diariamente em muitas pessoas, mas permanecemos ilhados dentro de nós mesmos. Participamos de eventos sociais, brincamos, sorrimos, mas frequentemente estamos sós. Falamos muito do mundo em que estamos, discorremos sobre política, economia e até sobre a vida de muitos personagens sociais, mas não falamos de nós mesmos, não trocamos experiências existenciais.

O ser moderno é solitário, isolado dentro da sua própria sociedade, um ser que sabe que tem fragilidades, inseguranças, temores, momentos de hesitação e apreensão, mas tem medo de reconhecê-los, de assumi-los e de falar sobre eles. Tem consciência da necessidade de falar de si mesmo, contudo opta pelo silêncio e faz dele seu melhor companheiro. Como disse, muitos vão ao psiquiatra e ao psicoterapeuta não porque estão doentes, ou pelo menos seriamente doentes, mas porque não têm ninguém para conversar abertamente sobre suas crises existenciais.

Realmente é difícil falar de nós mesmos. O medo de falar de si mesmas não está ligado apenas aos bloqueios íntimos que as pessoas têm em comentar suas histórias, mas também à dificuldade de encontrar alguém que tenha desenvolvido a arte de ouvir. Alguém que ouve sem prejulgar e que sabe se colocar em nosso lugar e não dar conselhos superficiais. É mais fácil desenvolver a arte de falar do que a de ouvir. Aprender a ouvir implica aprender a compreender o outro dentro do seu contexto histórico, a respeitar suas fragilidades, a perceber seus sentimentos mais profundos, a captar os pensamentos que as palavras não expressam. A arte de ouvir é uma das mais ricas funções da inteligência.

Muitos não apenas desenvolvem a solidão social, a solidão de estar próximo fisicamente e, ao mesmo tempo, distante interiormente das pessoas que os cercam, mas também a solidão intrapsíquica, de abandonar-se a si mesmo, de não dialogar consigo mesmo, de não discutir os próprios problemas, dificuldades, reações.

Quem não se interioriza e não aprende a discutir com liberdade e honestidade os seus próprios conflitos, dificuldades, metas e projetos abandona-se a si mesmo na trajetória existencial. Vivemos numa sociedade tão estranha que não achamos tempo nem para nós mesmos. Uma pessoa que não se repensa e não dialoga consigo mesma perde os parâmetros da vida e, consequentemente, pode se tornar rígida e implacável com seus próprios erros. Ela propõe para si mesma metas inatingíveis que a imergem numa esfera de sentimento de culpa ou, ao contrário, pode se alienar e não formular qualquer meta ou projeto social e profissional.

O ser humano tem uma necessidade intrínseca de superar a solidão em seus amplos aspectos; todavia, ele não é muito eficiente nessa superação. Cristo tinha momentos preciosos em que se interiorizava. Suas meditações contínuas indicavam que ele atribuía uma importância significativa ao caminhar nas trajetórias do seu próprio ser. Sempre encontrava tempo para ficar a sós (*Lucas 6:12*). Entretanto, é difícil investigar o que se passava dentro dele nesses momentos.

Se temos dificuldade de compreender esse aspecto da vida de Cristo, podemos, contudo, ter mais facilidade de compreender o seu pensamento sobre a solidão social. Mas, antes de comentar esse assunto, gostaria de fazer uma abordagem da misteriosa origem de Cristo. Estudar parcialmente sua origem pode nos levar a compreender melhor o seu pensamento sobre o complexo fenômeno da solidão.

A misteriosa origem de Cristo

A origem de Cristo é muito complexa. Alguns assuntos concernentes a ela extrapolam a investigação científica. De acordo com sua biografia, sua origem biológica contou apenas com o material genético de Maria. A ciência não pode comprovar isso, pois não tem como estudar o material genético de Cristo e de Maria. Crer nesse fato entra na esfera da fé e, portanto, extrapola o campo da ciência. Se por um lado a ciência não pode estudar o processo de geração biológica de Cristo a partir da carga genética de sua mãe, por outro não pode dizer que é impossível fazer isso. Por quê? Porque a ciência está começando agora a compreender algumas possibilidades da clonagem, bem como seus riscos e benefícios.

De acordo com os evangelhos, a origem biológica de Cristo

é misteriosa. Ele falava que tinha uma outra origem, que não era deste mundo (*João 8:23*). Dizia que vinha do céu. Dizia até mesmo que era o pão que tinha descido do céu para alimentar o ser humano com outro elemento, com outra natureza (*João 6:51*). Que céu é esse a que se referia? No universo há bilhões de galáxias. A que ponto do universo ele se referia? Seria uma outra dimensão? Não sabemos, apenas supomos que provavelmente Cristo se referia a outra dimensão. Porém, o fato é que ele proclamava claramente não ser deste mundo, mas pertencer a outro mundo, reino ou esfera. Novamente digo que a ciência não tem como discutir esse assunto com precisão, a não ser no campo da especulação. Crer na origem celestial de Cristo é uma questão pessoal.

Quanto à sua origem terrena, ou seja, à sua humanidade, Cristo dizia ser o filho do homem. Quanto à sua origem celestial, dizia ser o filho de Deus. Se somos cientificamente limitados para discorrer sobre essa dupla origem, podemos ao menos fazer algumas análises implicativas.

Permitam-me usar a origem de Cristo para fazer uma crítica à necessidade paranoica do ser humano de poder. O ser humano ama o poder. Se fosse possível, ele gostaria de ser supra-humano, um semideus. Se tomarmos como verdade a palavra de Cristo de que ele não era deste mundo, podemos observar que, se por um lado ele reivindicava uma origem extra-humana, por outro valorizava intensamente sua condição humana.

O que esperamos de uma pessoa com origem distinta da nossa? No mínimo esperamos comportamentos diferentes dos nossos, que extrapolem os padrões de nossa inteligência. Cristo tinha tais comportamentos. Porém, precisamos compreender a outra face de Cristo, a humana, pois, embora reivindicasse ser o filho de Deus, ele era extremamente humano. Ele amava se relacionar intimamente e entrar na história e até na dor particular das pessoas com quem convivia.

Cristo tinha um lado mais humano do que a grande maioria das pessoas. Muitos terráqueos querem ser extraterrestres, semideuses, mas Cristo queria ser um homem, queria se misturar com as pessoas, conviver com elas e ter amigos íntimos. Podemos afirmar que se por um lado seus comportamentos fogem aos padrões de nossa inteligência, por outro eles eram mais humanos e mais singelos do que os nossos.

Tendo prazer em sua humanidade

O ser humano se envolve numa escalada paranoica rumo ao poder. Muitos homens querem ser políticos poderosos. Muitos políticos querem ser reis. Muitos reis querem ou quiseram ser deuses ao longo da história. Contudo, esse Cristo que reivindicava ser Deus e ter o segredo da vida eterna queria ser um homem, amava a condição humana. Que contraste!

O leitor já apreciou a espécie humana, já teve uma paixão poética pelo ser humano, independentemente de quem ele seja? Cristo tinha tal paixão pela humanidade. Ele gostava tanto de ser humano, apreciava tanto sua origem humana, que usava uma expressão romântica e incomum para exaltar essa origem. Ele dizia ser o "filho do homem" (*Mateus 8:20; 9:6; 12:8*). É estranho, mas um ser humano não usa a expressão "filho do homem" para exaltar a sua origem. Essa expressão está de acordo com o pensamento de Cristo sobre sua dupla natureza. Apreciava ser reconhecido por sua natureza humana, e não apenas como filho de Deus. Observem quantas vezes nos quatro evangelhos Cristo disse ser o "filho do homem". Ele respirou, dormiu, comeu, se angustiou, sofreu, chorou e se alegrou como homem.

Muitos revelam o time esportivo para o qual torcem, a ideologia política à qual aderem, a corrente psicoterápica ou educacional que seguem, pois gostam de exaltá-los. Cristo gostava de exaltar sua origem humana, pois a apreciava. É muito raro ouvirmos alguém dizer que está alegre por ser humano, mas ele proclamava isso com satisfação: ser o "filho do homem". A partir do estudo das origens das violações dos direitos humanos, cheguei a questionar a viabilidade psicossocial da espécie humana em alguns textos que publiquei. Contudo, Cristo, apesar de ser tão crítico do superficialismo, da hipocrisia e da intolerância humana, era um apreciador da humanidade e, além disso, sua história revela que tinha esperança de transformá-la.

Cristo não era um estranho na multidão. Não se comportava como um "extraterrestre", pelo contrário, gostava de se misturar e de se envolver com todos os tipos de pessoas. Queria tanto ter amigos que preparou um plano complexo para isso. Construiu pouco a pouco uma atmosfera interpessoal a fim de que seus discípulos se tornassem não somente meros alunos ou servos, mas seus amigos. Não bastava que o admirassem, ele queria ser amigo deles. Os discípulos o colocavam num pedestal inatingível, mas Cristo queria cruzar sua história com as deles.

Ele ambicionava que os galileus, homens rudes e sem cultura, se tornassem parceiros de uma relação interpessoal sem distância. O que representava ser um amigo para Cristo? Para ele os amigos possuíam intimidade, conheciam os segredos ocultos do coração, trocavam experiências existenciais (*João 15:15*).

Crise nas relações sociais: os amigos estão morrendo

Nas sociedades modernas, fazer amigos está virando artigo de luxo. O ser humano perdeu o apreço por uma relação horizontal equidistante. As pessoas gostam de anular as outras e de ter o mundo aos seus pés. Mas Cristo, nos últimos dias da sua trajetória nesta terra, expressou que queria muito mais do que admiradores, queria amigos. Não há relação mais nobre do que a amizade. Os amigos se mesclam, têm confiança mútua, desfrutam prazeres juntos, segredam coisas íntimas, torcem uns pelos outros. Os amigos não se anulam, se completam.

Quem vive sem amigos pode ter poder e palácios, mas vive só e triste. Quem tem amigos, ainda que não tenha status e viva num casebre, não se sentirá só. A falta de amigos deixa uma lacuna que dinheiro, poder, cultura ou sucesso não podem preencher.

Todos precisamos de amigos, que não compramos, mas conquistamos, cultivamos. Muitos querem tê-los, mas não sabem como conquistá-los. Amigos não são aqueles que gravitam em torno de nós, que nos rodeiam pelo que temos. Amigos são aqueles que nos valorizam pelo que somos. No mundo biológico, os animais se agrupam pela necessidade instintiva de sobrevivência. Na nossa espécie, as amizades surgem por necessidades mais íntimas, como tentativa de superar a solidão.

A comunicação interpessoal realizada por meio de sons (palavras) e de imagens (gestos, expressões faciais) é deficiente e limitada. Se não construirmos um relacionamento aberto, despreconceituoso e despretensioso, as pessoas não compreenderão nossos sentimentos e pensamentos mais íntimos, que ficarão sequestrados dentro de nós e nos imergirão numa solidão social. Por estarmos ilhados dentro de nós mesmos, precisamos de amigos, precisamos superar uma das características mais marcantes da nossa espécie: a solidão.

Os pais que não têm como meta transformar seus filhos em amigos possuem um projeto educacional superficial. Aqueles que objetivam tornar seus filhos seus amigos, que trocam experiências, mesclam suas histórias, reconhecem seus erros, pedem desculpas e procuram viver uma vida alegre e aberta com eles atingem um sucesso existencial nobilíssimo.

Os pais que apenas propiciam aos filhos boas escolas e regras de comportamento não conseguem estabelecer com eles as diretrizes de um relacionamento mais profundo. Por sua vez, os filhos que não procuram ter seus pais como amigos perdem uma das mais ricas experiências existenciais. Os filhos que aprendem a se abrir com seus pais, bem como a desarmá-los, conhecer sua história, seus prazeres, fracassos, sucessos e temores, acabam se tornando arquitetos de uma relação doce e prazerosa.

Os professores também deveriam ter um relacionamento mais próximo com seus alunos. O tempo pode não permitir tal proximidade e a estrutura educacional pode não facilitá-la, mas, na medida do possível, os professores deveriam ter como meta ser amigos dos seus alunos, participando da história deles. Os professores procuram obter silêncio e atenção dos alunos. Contudo, como um estranho pode fazer exigências tão grandes? Aqueles que investem tempo em ser amigos dos alunos, mesmo dos mais agressivos e rebeldes, os conquistam, arrebatam seu respeito. O silêncio e a atenção deles despertam outro prazer.

Respeitar os alunos como seres humanos e procurar conhecer, ainda que com limites, algumas angústias e sonhos do mundo deles torna-se um bálsamo intelectual, um perfume emocional que satura a relação. As escolas deveriam se tornar albergues não apenas de sabedoria, mas também de amigos. Porém, infelizmente, às vezes imperam a agressividade e a rigidez.

Um dia, uma professora me disse que tinha perdido o prazer de dar aulas, não suportava mais seus alunos. Estimulei-a a penetrar no mundo deles e perceber que mesmo os mais rebeldes têm uma personalidade complexa, um mundo a ser descoberto. Disse-lhe que logo se tornariam adultos e que ela não poderia perder a oportunidade de contribuir para enriquecer a história deles. Encorajada, ela começou a entrar no mundo dos seus alunos e conseguiu conquistá-los.

Mesmo no ambiente da psicoterapia, a relação terapeuta-paciente deveria ser construída numa atmosfera do mais alto nível de respeito, empatia e confiabilidade. Se um psicoterapeuta constrói uma relação distante e impessoal com seu paciente, a terapia tem grandes possibilidades de se tornar artificial e pouco eficiente.

Lembro-me de uma cliente que me contou uma história vivenciada por ela, antes de se tratar comigo, que a feriu muito. Disse-me que se tratava com uma psicoterapeuta muito rígida, cujo consultório ficava num edifício alto. Algumas vezes elas se encontravam no elevador. Quando isso ocorria, ela cumprimentava a terapeuta, mas esta nunca respondia, pois não queria criar qualquer vínculo com seus pacientes. Minha cliente era caixa de um banco no qual a terapeuta tinha conta, mas a terapeuta nunca a cumprimentava, mesmo quando era atendida por ela. Angustiada com a frieza e a impessoalidade da terapeuta, a paciente resolveu testá-la: contou em dois dias distintos e simultâneos histórias de sua infância totalmente diferentes. Primeiro, disse que seu pai tinha sido agressivo, distante, frio, enfim, um verdadeiro carrasco com ela. No outro dia contou que seu pai sempre tinha sido amável e tolerante. A terapeuta, que estava distraída e tinha uma relação impessoal com a paciente, não percebeu a contradição das histórias contadas e interpretou o comportamento dela como se fosse de duas pessoas distintas.

Indignada, a paciente interrompeu a sessão de psicoterapia e nunca mais voltou àquele consultório. Dias depois, a terapeuta apareceu no banco e, tentando se aproximar, gentilmente perguntou como ela estava. A paciente deu-lhe o troco e respondeu da mesma forma que a terapeuta: disse que não a conhecia. A resposta não foi adequada, mas ela prestou um favor à terapeuta, pois a levou a reciclar seu procedimento profissional frio e sem empatia. Como pode alguém ajudar uma pessoa a se interiorizar, a se repensar e a gerenciar seus pensamentos nos focos de tensão se a relação que mantém com ela é distante, sem empatia e sem confiabilidade?

O mestre da escola da existência era diferente. Tinha uma relação estreita com seus discípulos, era agradável e confiável. Conseguia, como exímio terapeuta, perceber seus conflitos mais ocultos e estimulá-los a se repensarem. Ele, mais do que qualquer terapeuta, poderia exigir distância e até reverência por parte dos seus discípulos, pois eles o consideravam o filho do Deus altíssimo. Entretanto, fazia questão de quebrar todas as barreiras e todas as distâncias entre eles. Cristo queria que as relações com seus discípulos fossem regadas a empatia, confiabilidade e proximidade.

Procurando amigos, e não servos

Tanto o mais desprezado súdito como o mais poderoso rei podem padecer de solidão. O primeiro, por ser rejeitado por todos; o segundo, por ser supervalorizado por todos e, consequentemente, ninguém se aproximar dele com naturalidade e espontaneidade. Cristo tanto era drasticamente rejeitado como profundamente admirado. Todavia, as duas posições não lhe agradavam. Muitos amam o trono, amam o ribombar dos aplausos, mas Cristo era diferente. No fim de sua vida, no ápice do seu relacionamento com os discípulos, ele os retirou da condição de servos e os colocou na posição de amigos. Era como se quisesse vaciná-los contra um relacionamento impessoal e distante que permeava a relação do povo de Israel com Deus, expressa nos livros de Moisés e dos profetas.

Certa vez, ele afirmou que muitos o honravam com a boca, mas tinham o coração longe dele (*Mateus 15:8*). Parecia dizer que toda aquela forma distante de honrá-lo, adorá-lo e supervalorizá-lo não lhe agradava, pois não era íntima e aberta.

Cristo se preocupava em manter as relações entre seus discípulos próximas fisicamente e, ao mesmo tempo, distantes interiormente. Sua preocupação era legítima e fundamentada. Sabia que seria facilmente superadmirado e, por isso, as pessoas se tornariam distantes, perderiam o contato direto, aberto, simples e prazeroso com ele. De fato, isso ocorreu com frequência ao longo da história. Julgando prestar tributo a Cristo, guerras foram feitas em seu nome. Isso acontece até hoje. Na Irlanda do Norte, católicos e protestantes viveram por muitos anos numa praça de guerra, travando conflitos sangrentos. Como é possível fazer guerra em nome daquele que dava a outra face, que era o exemplo mais vivo da antiviolência e da tolerância? Muitos discursaram sobre ele e o admiraram como um grande personagem, mas se afastaram das suas características fundamentais.

João, o discípulo, foi um amigo íntimo de Cristo. Usufruiu o prazer e o aconchego da sua amizade. O desejo do mestre de ter amigos o marcou tanto que, mesmo em idade avançada, não se esqueceu de registrar em seu evangelho os três momentos em que Cristo chamou seus discípulos de amigos (*João 15:13-15*). Muitos dos que o seguiram ao longo das gerações não enxergaram essa característica. Eles não compreenderam que Cristo procurava mais do que servos, mais do que admiradores, mais do que pessoas prostradas aos seus pés; ele procurava amigos que amassem a vida e se relacionassem intimamente com ele.

Vivendo com prazer: jantares, festas e convívio social

Engana-se quem acha que Cristo tinha uma vida enclausurada, fechada, tímida e triste. Ele era totalmente sociável. Contudo, em alguns momentos, ele precisava se isolar socialmente. Mas isso só ocorria quando ele sentia uma necessidade íntima de meditar.

Quem não tem esses momentos aprisiona a sua emoção e não supera a solidão intrapsíquica. Uma das mais belas aventuras que o ser humano pode empreender é velejar dentro de si mesmo e explorar seus territórios mais ocultos. Cristo era um caminhante nas trajetórias do seu próprio ser. Tinha prolongados momentos de reflexão, meditação e oração (*Lucas 6:12*). É difícil a psicologia emitir uma opinião sobre o que ocorria com ele nesses momentos, mas, provavelmente, tratava-se de um reencontro consigo mesmo, com o Pai que ele afirmava estar em seu interior, com sua história, com seu propósito transcendental. Nesses momentos ele restabelecia suas forças e refazia suas energias para enfrentar as enormes turbulências da vida (*Lucas 11:11*).

Afora seus momentos de interiorização e meditação, ele estava sempre procurando o convívio social. Já tratei de muitas pessoas sociáveis e posso garantir que Cristo foi uma das mais sociáveis que já estudei. Tinha prazer de conviver com os outros. Estava sempre mudando de ambiente a fim de estabelecer novos contatos (*Marcos 6:6*). Frequentemente tomava a iniciativa de conversar com as pessoas. Deixava-as curiosas e prendia a atenção delas. Gostava de dialogar com todos, até com os menos recomendados, os mais imorais. Fazia questão de procurá-los e estabelecer um relacionamento com eles (*Lucas 5:27-32*). Por isso, escandalizava os religiosos da sua época, o que comprometia sua reputação diante do centro religioso de Jerusalém. Porém, o prazer que sentia ao se relacionar com o ser humano era superior às consequências da sua atitude, da má fama que adquiria e para a qual, aliás, não dava importância; o que importava era ser fiel à sua própria consciência.

Cristo não rejeitava nenhum convite para jantar. Fazia suas refeições até na casa de leprosos. Havia uma pessoa chamada Simão que tinha lepra, conhecida hoje como hanseníase. O portador dessa doença naquela época era muito discriminado, pois muitos deles ficavam com os corpos mutilados e eram obrigados a viver fora da sociedade.

Simão era tão rejeitado em sua época que era identificado por um nome pejorativo: "Simão, o Leproso". Porém, como Cristo abolia qualquer tipo de preconceito, fez amizade com Simão. Nos últimos dias de vida do amigo, frequentou sua casa, provavelmente participando de uma refeição (*Mateus 26:67*). Se Cristo tivesse vivido nos dias de hoje, não tenham dúvida de que seria amigo dos portadores do vírus da aids. Sua delicadeza para incluir e cuidar das pessoas excluídas socialmente representava um belo retrato de sua elevada humanidade.

Embora os fariseus tivessem preconceito contra Cristo, o mesmo não ocorria por parte de Cristo. Se convidado, jantava na casa dos fariseus, mesmo que fossem seus críticos (*Lucas 7:39*). Ele tinha uma característica que se destaca claramente em todas as suas biografias, mas que muitos não conseguem enxergar. Era tão sociável que participava continuamente de festas. Participou da festa em Caná da Galileia, da festa da Páscoa, do tabernáculo e de muitas outras.

Cristo se regalava quando estava à mesa. Estendia os braços folgadamente sobre ela, o que indica que não tinha muitas formalidades, procurando sempre a espontaneidade (*Lucas 5:29*).

Naquela época não havia restaurantes, mas, se ele tivesse vivido nos dias de hoje, certamente teria visitado muitos deles com seus amigos e aproveitaria o ambiente descontraído que as refeições propiciam para proferir algumas das suas mais importantes palavras. De fato, alguns dos seus mais profundos pensamentos e alguns dos seus gestos mais relevantes não se realizaram nas sinagogas judias, mas junto a uma mesa.

Cristo se misturava tanto com as pessoas e apreciava tanto fazer refeições e conviver com elas que recebeu a fama inusitada de "glutão" e bebedor de vinho (*Mateus 11:19*). Ele até mesmo comentou sobre essa fama. Disse que seu precursor, João Batista, comera mel silvestre e gafanhotos e ganhou a fama de estranho, louco, alguém que vivia fora do convívio social. Agora, tinha vindo o "filho do homem" que sentia prazer em comer e conviver com as pessoas e, por causa desse comportamento tão sociável e singelo, acabou ganhando a fama de glutão. Uma fama injusta, mas que era reflexo da sua exímia capacidade de se relacionar socialmente. Cristo era um excelente apreciador de comida. Gostava até de preparar refeições (*João 21:9-10*).

Embora injusta, fico particularmente contente com a sua fama de glutão. Não gostaria que Cristo tivesse tido fama de pessoa socialmente estranha, fechada, enclausurada. Ele não seria tão acessível e atraente se as pessoas tivessem de fazer sinais de reverência, mudar o tom de voz e modificar seu comportamento para se achegar a ele.

Cristo era simples e sem formalidades, por isso encantava qualquer tipo de pessoa em qualquer ambiente. Muitos não conseguem nem sabem como fazer amigos, mas o mestre de Nazaré era um especialista em construir relações sociais saudáveis. Atraía as pessoas e as transformava em amigos íntimos pelas ricas características de sua personalidade, principalmente sua amabilidade, sociabilidade e inteligência instigante.

As relações sociais têm sido pautadas pela frieza e pela impessoalidade. Todos temos necessidade de construir relacionamentos sem maquiagem, abertos e desprovidos de interesses ocultos. Temos uma necessidade vital de superar a solidão. Todavia, o prazer do diálogo está morrendo. A indústria do entretenimento nos aprisionou dentro de nossas próprias casas, dentro de nossos escritórios. Estamos ilhados pelo DVD, pela TV e pelo computador. Nunca houve uma geração como a nossa, que, embora tenha tido amplo acesso a diversas formas de entretenimento, conhece como nenhuma outra a solidão, a ansiedade e a insatisfação.

CAPÍTULO 12

Preservando a unidade e ensinando a arte de amar

Preservando a unidade

Uma das características mais marcantes dos ensinamentos de Cristo era a meta da unidade entre seus discípulos. Antes da sua morte, num momento em que estava emocionalmente triste por deixá-los, fez um ardente pedido. Uma pessoa, quando está se despedindo da vida, revela os segredos do seu coração. Nesse momento, nada mais há para ocultar, tudo o que está represado clandestinamente nos pensamentos vem à tona.

O que estava represado dentro de Cristo e veio à tona pouco antes de ele morrer? Foram pelo menos quatro desejos extremamente sofisticados: a) a criação de um relacionamento interpessoal aberto e íntimo capaz de produzir amigos genuínos e de superar as raízes da solidão; b) a preservação da unidade entre os discípulos; c) a criação de uma esfera sublime de amor; d) a produção de um relacionamento livre de competição predatória e individualismo. Como já abordei o primeiro tópico, comentarei agora os demais.

Cristo não queria que seus discípulos estivessem sempre juntos no mesmo espaço físico, mas no mesmo sentimento, na mesma disposição intelectual, na mesma meta. Ambicionava uma unidade que todas as ideologias políticas sonharam e jamais conseguiram. Uma unidade que toda empresa, equipe esportiva, universidade e sociedade almeja, mas nunca consegue. Almejava que fossem unidos na essência intrínseca do ser deles.

A unidade que Cristo proclamava eloquentemente não anulava a identidade, a personalidade. As pessoas apenas sofreriam um processo de transformação interior que subsidiaria uma unidade tão elevada que estancaria o individualismo e sobreviveria a todas as suas diferenças. Juntas, unidas, elas desenvolveriam as funções nobres da inteligência. Cada pessoa continuaria sendo um ser complexo, com características particulares, mas na essência intrínseca elas seriam uma só. Nessa unidade cooperariam mutuamente, serviriam umas às outras, se tornariam sábias e levariam a cabo o cumprimento do propósito do seu mestre.

Para preservar a unidade proposta por Cristo, as disputas e as discriminações deveriam ser abortadas. Além disso, seria necessário aprender a sofrer perdas em prol dela. Nenhuma unidade sobrevive sem que as pessoas que a procuram estejam dispostas a sofrer determinadas perdas para sustentá-la. Até porque não é possível haver relações humanas sem que haja também decepções. Portanto, para que a unidade tivesse raízes, era necessário trabalhar as perdas e as frustrações e apreciar as metas coletivas acima das individuais.

Excluir, discriminar, dividir, romper são habilidades intelectuais fáceis de se aprender. Uma criança de cinco anos de idade já tem todas essas habilidades em sua personalidade. Porém, incluir, cooperar, considerar as necessidades do outro e preservar a unidade exige maturidade da inteligência, exige compreender que o mundo não deve girar em torno de si mesmo, exige desenvolver um paladar emocional refinado, no qual se tenha prazer em se doar para o outro.

O individualismo é um fenômeno intelectual espontâneo que não requer esforço para ser alcançado. Além disso, não gera um prazer tão rico como o prazer coletivo de estar entre amigos, quando a unidade é cristalizada. Quem preserva a unidade se torna especial por dentro e comum por fora. Quem ama o individualismo se torna especial por fora, mas superficial por dentro.

Na unidade proposta por Cristo os discípulos conquistaram uma esfera afetiva tão sofisticada que receberam o nome de irmãos. É muito estranho aplicar o termo "irmãos" a pessoas que não participam dos mesmos laços genéticos ou da mesma história familiar desde a mais tenra infância. Pois bem, o clima produzido entre os discípulos de Cristo era irrigado com um amor tão elevado e difícil de ser explicado que os tornava membros de uma família. Uma família que está além dos limites dos laços genéticos, que não é um mero grupo social reunido, mas possui a mesma história interior, na qual cada membro torce pelo outro e contribui para promover seu crescimento interior.

Aqueles homens que nunca pensaram em se doar pelos estranhos e que eram tão individualistas passaram a se chamar carinhosamente de irmãos. Pedro, inicialmente tão rude em sua personalidade, chamou Paulo de amado irmão em sua segunda epístola. Eles aprenderam pouco a pouco a superar as dificuldades e preservar a unidade, que é como um canteiro cultivado pela prática do amor transcendental, que comentarei mais adiante.

Uma das maiores falhas dos milhões de pessoas que seguiram Cristo ao longo dos séculos foi não caminhar nas avenidas da unidade que ele desejava, deixando-se subjugar pelas diferenças, pelos problemas, pelas disputas.

Cristo, enquanto estava com seus discípulos, ensinou-lhes a superar o medo, as dores, a investir em sabedoria, a desenvolver a arte de pensar e muitas outras funções ricas da inteligência. Agora eles tinham subsídios para caminhar pelas avenidas da unidade, bastando-lhes trafegar por elas.

As necessidades universais do ser humano e a arte de amar

De todas as características da escola de Cristo, a do amor é a mais elevada e a mais nobre e, ao contrário do que possamos pensar, uma das mais difíceis de compreender, pois ultrapassa os limites da razão lógica. Amar uns aos outros era um princípio fundamental. Estamos acostumados com a cultura cristã e por isso não ficamos intrigados com essas palavras. Do ponto de vista psicológico, amar uns aos outros é uma exigência poética e bela, mas, ao mesmo tempo, altíssima e dificílima de ser alcançada.

Freud, na teoria da psicanálise,* deu ênfase à sexualidade. O instinto sexual e os conflitos gerados por ele estão no cerne de muitos textos psicanalíticos. Não há dúvida que determinados conflitos sexuais estão na base de algumas doenças psíquicas. Contudo, a tese freudiana de que todos os fenômenos inconscientes se explicam por experiências infantis ligadas à libido (energia sexual) é limitada e inaceitável. Temos que considerar o ser humano além dos limites da sexualidade, além dos limites dualistas da relação homem-mulher, e compreendê-lo na sua totalidade, de forma a podermos ir ao encontro de suas necessidades universais.

O que mais somos em grande parte do nosso tempo? Homens ou mulheres, machos ou fêmeas? Se estudarmos a construção da inteligência e as necessidades psíquicas fundamentais, constataremos que na maior parte do nosso tempo (provavelmente noventa por cento) não somos nem machos nem fêmeas, homens ou mulheres, mas apenas seres humanos, que possuem necessidades universais.

Quais são essas necessidades universais? Necessidades de prazer, de entretenimento, de sonhar, de ter sentido existencial, de superar as angústias existenciais, de transcender os estresses

---

* Freud, Sigmund. *Obras psicológicas completas de Sigmund Freud*. Rio de Janeiro: Imago, 1969.

psicossociais, de superar a solidão, de desenvolver a criatividade, de trabalhar, de atingir objetivos, de alimentar-se, de repor as energias durante o sono, de amar, e também de satisfação sexual. Quando procuramos evidenciar excessivamente nossa masculinidade ou feminilidade, provavelmente está havendo um comprometimento da sanidade psíquica.

Amar é provavelmente a necessidade universal mais sublime e mais difícil de ser atendida. Os romancistas discursaram sobre o amor, os poetas o proclamaram, mas na prática não é fácil conquistá-lo.

Cristo discursava sobre um amor estonteante, um amor que gera uma fonte de prazer e de sentido existencial. Aquele simples homem de Nazaré, que teve tantas dificuldades na vida, que sofreu desde a infância e, quando adulto, não tinha onde reclinar a cabeça, não apenas extraiu sabedoria da sua dor e poesia da sua miséria, mas ainda achou fôlego para falar de um amor arrebatador: *"Amai-vos uns aos outros como eu vos amei"* (*João 13:34*).

Na sua última ida a Jerusalém, pouco antes da crucificação, ele sofreu intensa perseguição por parte dos herodianos, dos fariseus e dos saduceus, integrantes de partidos religiosos. Todos procuravam testá-lo para fazê-lo cair em alguma contradição. Esperavam que Cristo dissesse alguma heresia contra as tradições judaicas ou que falasse algo que fosse contra o regime de Roma. No entanto, ele silenciava a todos com sua inteligência. Apesar de silenciá-los e de provocar grande admiração nesses opositores, tinha consciência de que logo iria morrer. Era só uma questão de tempo para que fosse apanhado longe da multidão; por isso ele discorria sem rodeios sobre seu julgamento e sobre as dores que iria padecer.

O clima era ameaçador, capaz de tirar o sono de qualquer um. A cúpula judaica já havia armado diversos esquemas para prendê-lo e matá-lo. Do ponto de vista lógico, não havia espaço para Cristo se preocupar com outra coisa a não ser com a sua própria segurança. Entretanto, apesar da tensão exterior, ele não se deixava perturbar. O mundo à sua volta estava agitado, mas ele se mostrava tranquilo e ainda tinha tempo para discorrer com seus íntimos sobre um amor transcendental, um amor que lança fora todo medo. Como é possível alguém que está rodeado de ódio discursar sobre o amor?

Cristo estava para ser eliminado da terra dos viventes, todavia ainda cuidava carinhosamente daqueles galileus que tantas vezes o decepcionaram. Preparava-os para serem fortes e unidos, em detrimento do drama que ele atravessaria. Equipava-os para que aprendessem a arte de amar.

Ele discursava sobre um amor difícil de ser investigado, que está muito além dos limites da sexualidade e dos interesses particulares. Um amor que se doa e que se preocupa mais com os outros do que consigo mesmo.

O mais alto patamar de amor,
tolerância e respeito humanos

Coloque dez alunos numa universidade. Durante três anos e meio, que foi o tempo que Cristo passou com seus discípulos, tente ensiná-los a se amarem uns aos outros. Dê palestras, promova debates e conduza esses alunos a lerem todo tipo de literatura sobre o amor. Veja o resultado. Provavelmente, no final desse período, eles não estarão se amando, mas guerreando uns contra os outros, discutindo quem tem mais conhecimento sobre o amor, quem discorre melhor sobre ele. Serão mestres no discurso sobre o tema "amor", mas dificilmente aprenderão a mais difícil de todas as artes, a de amar. Aprendê-la exige mais do que cultura e eloquência.

Cristo tinha uma meta tão elevada sobre o amor, que tanto seu discurso como suas atitudes ultrapassavam os limites da lógica psicológica. Certa vez, disse: *"Ouvistes o que foi dito: amarás o teu próximo e odiarás o teu inimigo. Eu, porém, vos digo: Amai os vossos inimigos e orai pelos que vos perseguem... Se amardes os que vos amam, que recompensa tereis?"* (Mateus 5:44). Com essas palavras, Cristo atingiu os limites mais altos e, ao mesmo tempo, mais impensáveis do amor, da tolerância e do respeito humano.

Como é possível amar os inimigos? Quem tem estrutura emocional para isso? Como é possível amar alguém que nos frustrou, nos decepcionou, falou injustamente contra nós? Algumas pessoas não conseguem amar nem a si mesmas, pois não têm o mínimo de autoestima, vivem se destruindo com sentimentos de culpa e inferioridade. Outras amam seus inimigos, mas com uma emoção frágil e sem raízes, pois, ao mínimo sinal de frustração, os excluem de suas vidas. Outras ainda têm uma emoção mais rica e estável e constroem amizades duradouras que suportam os invernos existenciais. Todavia, são incapazes de amar alguém além do seu círculo de amigos, por isso são exclusivistas, não aceitam intrusos em seu grupo social.

Se nosso amor é muitas vezes condicional, instável e exclusivista, como é possível amar os inimigos? Nenhum humanista chegou a tal ambição. Provavelmente ninguém que proclamou a necessidade de preservar os direitos humanos foi tão longe como Cristo, estabeleceu um padrão de relacionamento tão alto como o que ele propôs.

Em razão do adensamento populacional na atualidade, bem como da competitividade, do individualismo e do superficialismo nas relações socioprofissionais, é mais fácil fazer "inimigos" do que amigos. Não inimigos que querem nos destruir, mas que nos decepcionam, nos frustram, nos criticam justa ou injustamente, que falam mal de nós por trás, que não correspondem às nossas expectativas.

Somente uma pessoa que é apaixonada pela vida e pelo ser humano e, além disso, é tranquila e segura supera com dignidade as frustrações sociais e gerencia com exímia habilidade seus pensamentos nos focos de tensão. Somente alguém assim pode viver o padrão proposto por Cristo, pode ser livre em sua emoção, pode ter possibilidades de amar as pessoas que a aborrecem. Nem a psiquiatria moderna sonhou com um ser humano com um padrão tão alto em sua personalidade.

Se tivéssemos capacidade de amar as pessoas que nos frustram, prestaríamos um grande favor a nós mesmos. Deixaríamos de ficar angustiados por elas e as veríamos sob outra perspectiva, não mais como inimigas. Diminuiríamos os níveis de estresse e evitaríamos alguns sintomas psicossomáticos. O diálogo, o respeito, a afetividade e a solidariedade floresceriam como num jardim. A compreensão do comportamento do outro seria mais nobre. Que técnicas de psicologia poderiam nos arrebatar para tal qualidade de vida se, frequentemente, queremos que o mundo gravite primeiro em torno de nossas necessidades, para depois considerarmos as necessidades dos outros?

As limitações da emoção humana

Muitos pais passam a vida inteira ensinando seus filhos a seguir as trajetórias do amor, a cultivar uma rica afetividade entre eles, e o resultado não poucas vezes é o desamor, a disputa e a agressividade. Não é fácil ensinar o caminho do amor, pois ele está além da mera aquisição de ensinamentos éticos e de regras comportamentais.

Os discípulos de Cristo, quando ele os chamou, comportavam-se como qualquer ser humano: discutiam, se irritavam e viviam apenas para satisfazer suas necessidades. Mas o mestre queria que eles reescrevessem paulatinamente suas histórias, uma história sem disputas, sem discriminação, sem agressividade, uma história de amor.

Cristo tinha metas ousadíssimas, mas só propunha aquilo que vivenciava. Ele amou o ser humano incondicionalmente. Foi dócil, gentil e tolerante com seus mais ardentes opositores. *Amou quem não o amava e se doou para quem o aborrecia*. O amor era a base da sua motivação para aliviar a dor do outro. Quem possui uma emoção tão desprendida?

As grandes empresas de todo o mundo têm respeitáveis equipes de recursos humanos que procuram treinar continuamente seus funcionários para que aprendam a ter um melhor desempenho intelectual, mais criatividade e espírito de equipe. Os resultados nem sempre são os desejados, porém o propósito de Cristo, além de incluir o espírito de equipe e o desenvolvimento da arte de pensar, requeria a criação de uma esfera de amor mútuo.

Ninguém consegue preservar qualquer forma de prazer nos mesmos níveis por muito tempo. Ao longo dos anos, pelo processo de psicoadaptação, o amor diminui invariavelmente de intensidade e, se tudo correr bem, será possível substituí-lo paulatinamente pela amizade e pelo companheirismo.

A psicoadaptação é um fenômeno inconsciente que faz diminuir a intensidade da dor ou do prazer ao longo da exposição de um mesmo estímulo. Uma pessoa, ao colocar uma tela na parede, a observa e a contempla por alguns dias, mas, com o decorrer do tempo, se psicoadapta à sua imagem e pouco a pouco se sente menos atraída por ela. Ao comprar um veículo, depois de alguns meses, a pessoa entra nele como entra no banheiro de sua casa, ou seja, sem o mesmo prazer que tinha quando o adquiriu, pois se psicoadaptou a ele. Quando sofremos uma ofensa, no começo ela nos perturba, mas com o tempo nos psicoadaptamos e pouco sofremos com ela. O mesmo pode ocorrer com a afetividade nas relações humanas. Com o passar do tempo, se o amor não for cultivado, nos adaptamos uns aos outros e deixamos de amar.

A energia emocional não é estática, mas dinâmica. Ela se organiza, se desorganiza e se reorganiza num fluxo vital contínuo e ininterrupto. Nossa capacidade de amar é limitada. Amamos com um amor condicional e sem estabilidade. As frustrações, as dores da existência, as preocupações cotidianas sufocam os lampejos de amor que possuímos. Portanto, o segredo do limitado amor humano nem sempre está em conquistá-lo, mas em cultivá-lo.

Apesar de todas as limitações da emoção de criar, viver e cultivar uma esfera de amor, amar é uma das necessidades vitais da existência.

> Quem ama vive a vida intensamente.
> Quem ama extrai sabedoria do caos.
> Quem ama tem prazer em se doar.
> Quem ama aprecia a tolerância.
> Quem ama não conhece a solidão.
> Quem ama supera as dores da existência.
> Quem ama produz um oásis no deserto.
> Quem ama não envelhece, ainda que o tempo sulque o rosto.
> O amor transforma miseráveis em ricos.
> A ausência do amor transforma ricos em miseráveis.
> O amor é uma fonte de saúde psíquica.
> O amor é a expressão máxima do prazer e do sentido existencial.
> O amor é a experiência mais bela, poética e ilógica da vida.
> Cristo discursava sobre a revolução do amor...

Um lugar de destaque para as mulheres na escola da existência

No projeto de Cristo não havia lugar só para os homens, os apóstolos e líderes masculinos, embora a sociedade da época supervalorizasse o homem. Nele, as mulheres tiveram um destaque fundamental. Elas sempre aprenderam com mais facilidade a linguagem do amor do que os homens. Aliás, os gestos mais sublimes dirigidos a Cristo foram produzidos por mulheres, das quais destacarei duas.

Uma delas foi Maria, irmã de Lázaro, um dos amigos de Cristo. Ela possuía um frasco de alabastro contendo um precioso perfume (*Mateus 26:7*). Aquele perfume era caríssimo, talvez a maior preciosidade daquela mulher. Maria amava muito o seu mestre. Fora tão cativada por ele e por suas palavras incomuns que não sabia como expressar sua gratidão. Além disso, estava muito triste porque, diferentemente dos discípulos, tinha entendido que Cristo estava próximo da morte. Diante de tanto amor e de tanta dor, ela teve um gesto inusitado: deu-lhe o que possuía de mais caro. Quebrou o vaso de alabastro e derramou seu perfume sobre a cabeça de Cristo, preparando-o para sua morte, pois os antigos costumavam perfumar os cadáveres.

Alguns discípulos consideraram sua atitude um desperdício. Entretanto, para ela, ao contrário de um desperdício, aquilo era muito pouco se comparado ao amor que sentia por ele, à dor da sua partida. Cristo entendeu a dimensão do seu gesto e ficou tão comovido que afirmou que onde as suas palavras fossem propagadas o gesto de Maria seria divulgado em memória dela (*Mateus 26:13*). O gesto daquela mulher foi um memorial de amor que chegou até os dias de hoje.

Uma outra mulher também fez um gesto sublime para Cristo. Ela não possuía recursos financeiros nem um perfume tão caro para aspergir sobre ele. Mas possuía um outro líquido não menos precioso: suas lágrimas. Essa mulher era desprezada socialmente e reprovada moralmente, porém Jesus havia passado por ela e transformado a sua vida. Vejamos a história.

Cristo foi convidado a participar da refeição na casa de um fariseu. De repente, entrou uma mulher chorando e derramou lágrimas sobre os pés de Cristo. E como não dispunha de toalha, constrangida, ela os enxugou com seus próprios cabelos (*Lucas 7:38*).

Apesar de Cristo nunca ter exigido que as pessoas se dobrassem aos seus pés, muitos o fizeram. Os ditadores sempre usaram a força para conseguir tal reverência. Porém, as que se dobravam aos pés de Cristo não o faziam por medo ou pressão, mas por amor. Elas se sentiam tão compreendidas, amadas, perdoadas e incluídas, que eram atraídas por ele.

Aquela mulher era famosa por sua imoralidade. O fariseu anfitrião conhecia a história dela. Ao vê-la chorar aos pés de Cristo, começou a criticar os dois em seus pensamentos. Para aquele fariseu moralista e rígido, o gesto da mulher era um escândalo e a atitude complacente de Cristo, inadmissível. Não concebia que alguém que tivesse dignidade se misturasse com aquele tipo de gente.

O fariseu era ótimo para julgar, mas seu julgamento era superficial, pois não conseguia perceber os sentimentos mais profundos do ser humano, não conseguia compreender que as lágrimas daquela mulher não expressavam um choro comum, mas eram resultado de uma profunda reflexão de vida. As palavras de Cristo tinham mudado o seu viver. Ela aprendera a amá-lo profundamente e havia encontrado um novo sentido para a sua vida, e por isso, sem pedir licença, invadiu a casa daquele fariseu e debruçou-se sobre os pés do seu mestre. Não se importou com o julgamento que fariam dela.

Cristo ficou tão comovido com o gesto daquela mulher que, mesmo estando em situação delicada, cercado por tantos opositores, não se importou de desgastar mais uma vez a sua imagem social. Aquela cena era comprometedora, poderia gerar interpretações erradas. Qualquer um que se preocupasse com a própria imagem ficaria incomodado pela maneira como aquela mulher entrara e pelos gestos que fez. Todavia, para aquele mestre afetivo, os sentimentos dela eram mais importantes do que qualquer coisa que outros pudessem pensar e falar a respeito.

Cristo não lhe fez perguntas, não indagou sobre seus erros, não questionou sua história, apenas compreendeu e tratou a mulher gentilmente. Em seguida, o mestre da escola da existência virou-se para o fariseu, provocou a sua inteligência e abalou os alicerces do seu juízo e de sua moralidade superficial com uma história. Ele falou sobre duas pessoas que tinham dívidas. Uma era aquela mulher e a outra, o próprio fariseu. As duas pessoas tiveram suas dívidas perdoadas. Cristo o levou a concluir que aquela mulher, por ter consciência de que sua dívida era maior, tinha valorizado mais o perdão, ficado mais aliviada e amado mais aquele que a perdoara.

Com essa história, Cristo fez aquele crítico fariseu compreender que, pelo fato de aquela mulher ter feito uma profunda revisão de sua história, ela havia aprendido a amar mais do que ele, que se considerava justo. Ainda com essa história, levou-o a concluir que, embora conhecesse toda a lei judaica e se gabasse da sua justiça e moralidade, ele era infeliz, vazio e vivia uma vida teatral, pois não conseguia amar. Assim, ficou demonstrado que onde a autossuficiência e a arrogância imperam, o amor não consegue ser cultivado. E, por outro lado, onde impera a humildade e se faz uma revisão sem medo e sem preconceito da história de vida, o amor floresce como num jardim. O orgulho e o amor nunca florescem no mesmo terreno.

As duas mulheres, com seus gestos delicados, surpreenderam aquele mestre que vivia surpreendendo todas as pessoas. Gestos assim evidenciam que, quando as mulheres entram em cena, conseguem ser mais sublimes do que os homens. Elas sempre foram mais rápidas para compreender e incorporar a linguagem sofisticada do amor do Mestre dos Mestres. O amor sempre gerou gestos mais nobres e mais profundos do que o poder e a justiça moralista masculina...

O amor e o perdão

Jesus propunha a seus discípulos que perdoassem uns aos outros, que se libertassem dos seus sentimentos de culpa e que tivessem uma vida emocional suave e tranquila como só uma pessoa que ama os outros como a si mesma pode ter. A psicologia de Cristo era profunda, o amor e o perdão se entrelaçavam. Era de fato uma psicologia transformadora, e não reformadora e moralista. Ele dizia que tinha vindo para perdoar, para aliviar o peso da existência e tornar a vida mais complacente, tolerante e emocionalmente serena. Encorajava os seus discípulos a observarem sua vida e a tomá-la como modelo existencial. Por isso, dizia: *"Aprendei de mim, pois sou manso e humilde de coração"* (Mateus 11:29).

Cristo desejava aliviar a emoção do peso das mágoas, dos rancores, dos complexos de inferioridade, dos sentimentos de culpa e de autopunição. Apesar de ter todos os motivos para ser rígido e até julgar as pessoas, nele só havia espaço para o perdão, que não é um sinal de fraqueza, mas de grandeza emocional. Perdoar é expressar a arte de amar.

Na escola da existência de Cristo, perdoar uns aos outros é um princípio fundamental. Perdoar alivia tanto os sentimentos de culpa como as mágoas. O sentimento de culpa fere a emoção. A mágoa corrói a tranquilidade.

A proposta de Cristo do perdão é libertadora. A maior vingança contra um inimigo é perdoá-lo. Ao perdoá-lo, nos livramos dele, pois ele deixa de ser nosso inimigo. O maior favor que fazemos a um inimigo é odiá-lo ou ficarmos magoados com ele. O ódio e a mágoa cultivam os inimigos dentro de nós.

Cristo viveu a arte do perdão. Perdoou quando rejeitado, quando ofendido, quando incompreendido, quando ferido, quando zombado, quando injustiçado; perdoou até quando estava morrendo na cruz. No ápice da sua dor, disse: *"Pai, perdoai-os, pois eles não sabem o que fazem..."* (Lucas 23:34). Esse procedimento tornou a trajetória de Cristo livre e suave.

É muito difícil viver com tranquilidade as relações sociais, pois facilmente nos frustramos com os outros. É mais fácil conviver com mil animais do que com dois seres humanos. Às vezes nossas mais amargas frustrações provêm não de estranhos, mas das pessoas mais íntimas.

Apesar de rodeado de inimigos e de ter discípulos que frequentemente o decepcionavam, o mestre da escola da existência conseguia viver tranquilo. A arte do perdão era um dos seus segredos. O exercício dessa arte o fazia não gravitar em torno dos outros, não esperar retorno quando se doava. Isso não significa que ele não esperasse nada dos seus discípulos; pelo contrário, propunha metas elevadíssimas para eles. Todavia, tinha plena consciência de que essas metas não poderiam ser conquistadas por meio de pressão, cobranças, nem em pouco tempo. Ele esperava que, paulatinamente, seus discípulos fossem transformados interiormente de maneira livre e espontânea.

Por amar o ser humano e exercitar continuamente a arte do perdão, Cristo preparava terreno para transcender, superar qualquer tipo de frustração com qualquer tipo de pessoa. Nem a vexatória negação de Pedro o fez desanimar.

Pedro andou muito tempo com seu mestre, presenciou gestos e ouviu palavras incomuns. Todavia, ele o negou três vezes diante de pessoas humildes, diante dos servos dos sacerdotes. Enquanto Pedro o negava pela terceira vez, Cristo, apesar de estar sendo espancado e injuriado, virou-se para ele e o alcançou com um olhar... Um olhar acolhedor, não julgador.

Naquele momento, Pedro estava dizendo com todas as palavras que não conhecia o mestre de Nazaré. Mas o mestre de Nazaré, com seu olhar arrebatador, estava expressando que conhecia Pedro e o amava. Pedro podia desistir de Cristo, mas Cristo não desistia de Pedro... O amor de Pedro por seu mestre podia ser limitado e circunstancial, mas o de Cristo por ele era ilimitado, pois, apesar da dor causada pela cúpula judaica e pela própria negação de Pedro, conseguia abrir uma janela para acolhê-lo.

Cristo estava preso e sendo ferido, enquanto Pedro estava livre no pátio, vendo de longe seu mestre ser agredido. O Cristo preso e ferido teve tempo para acolher o Pedro livre no pátio. Quem estava preso, Cristo ou Pedro? Pedro estava preso e Cristo estava livre. Pedro estava livre exteriormente, mas preso interiormente pelo medo e pela insegurança. Cristo estava preso exteriormente, mas livre interiormente em seus pensamentos e emoções, em seu espírito.

Pedro não pediu perdão ao seu mestre, mas o olhar acolhedor e consolador dele já o estava perdoando no momento em que ele o negava pela terceira vez. Cristo, com seu olhar penetrante, parecia dizer-lhe eloquentemente: "Pedro, você pode desistir de mim, pode negar tudo o que viveu comigo, mas não tem problema, eu ainda o amo, não desisto de você..." Diante disso, Pedro caiu em si e se retirou para chorar. Aquele homem forte e rude, que dificilmente derramava lágrimas, começou a aprender a chorar e a ser sensível. Chorou intensa e amargamente. Enquanto chorava, provavelmente repensava seu comportamento e sua história, meditava sobre o olhar profundo de Cristo, refletia sobre os pensamentos dele e, talvez, comparava sua pobre e limitada emoção, subjugada pelo medo e pela insegurança, com o amor incondicional do seu mestre.

Todos nós gostamos de criticar, julgar e condenar as pessoas que nos cercam e até aquelas que estão longe do nosso convívio. Cristo tinha todos os motivos para julgar, mas não o fazia, nem condenava; ele acolhia, incluía, valorizava, consolava e encorajava.

Pedro dissera que, ainda que todos negassem Cristo, ele não o negaria e, se necessário, até morreria com ele. Foi muito grave o erro de Pedro ao negar, ainda que por momentos, Cristo e a história que viveu com ele. Além disso, por negá-lo, foi infiel à sua própria consciência. Contudo, Cristo não o condenou, não o questionou, não o criticou, não o reprovou, apenas o acolheu. Cristo o conhecia mais do que o próprio Pedro. Ele previu seu comportamento. Sua previsão não era uma condenação, mas um acolhimento, um sinal de que não desistiria de Pedro em qualquer situação, um indício de que o amor que sentia por ele estava acima do retorno que poderia receber, acima dos seus gestos e atitudes.

Certa vez, Cristo disse que toda pessoa que viesse até ele não seria lançada fora, não importavam a sua história nem seus erros (*João 6:37*). Ele via os erros não como objeto de punição, mas como uma possibilidade de transformação interior.

A prática do perdão de Cristo era fruto da sua capacidade incontida de amar. Com essa prática, todos tinham contínuas oportunidades de revisar a sua história e crescer diante dos seus erros. O amor de Cristo é singular, ninguém jamais pode explicá-lo...

O beijo de Judas Iscariotes e a amabilidade com que Cristo trata seu traidor

Antes de Cristo ser julgado, várias tentativas tinham sido feitas para prendê-lo, todas sem sucesso. Numa delas, os sacerdotes e os fariseus ficaram indignados com os soldados que voltaram de mãos vazias. Dessa vez, a frustrada tentativa não se deveu ao medo da reação da multidão, que não aceitaria a prisão de Cristo, mas aos soldados, que ficaram atônitos com as suas palavras. Eles disseram aos sacerdotes que "*nunca alguém falou como esse homem*" (*João 7:45-49*). Os sacerdotes, indignados com os soldados, os repreenderam e disseram que ninguém da cúpula judaica havia acreditado nele, apenas a "ralé" inculta. O que não era verdade, pois vários sacerdotes e fariseus admiravam Cristo e acreditavam nele, mas tinham medo de declarar isso em público.

Apesar de várias tentativas frustradas, chegou o momento de ele ser traído, preso e julgado. Cristo impressionou os soldados que o prenderam por se entregar espontaneamente, sem qualquer resistência. Além disso, intercedeu pelos três discípulos que o acompanhavam, pedindo aos guardas que não os prendessem.

Assim, no momento em que foi preso, continuou a ter atitudes incomuns; ainda havia disposição nele para cuidar fraternalmente do bem-estar dos seus amigos.

Quando sofremos, só temos disposição para aliviar nossa dor, mas quando ele sofria, ainda havia nele disposição para cuidar dos outros. E não apenas isso. Na noite em que foi traído, sua amabilidade e gentileza eram tão elevadas que ele teve reações impensáveis com seu próprio traidor. Vejamos.

Cristo foi traído e preso no jardim do Getsêmani. Era uma noite densa e ele estava orando e esperando esse momento. Então, Judas Iscariotes apareceu com um grande número de guardas. Cristo tinha todos os motivos para repreender, criticar e julgar Judas. Todavia, o registro de Mateus diz que, mesmo nesse momento de profunda frustração, ele foi amável com seu traidor chamando-o de amigo, dando-lhe assim mais uma oportunidade para que ele se interiorizasse e repensasse seu ato.

Judas aproximou-se e fez um falso elogio: "*Salve, 'Mestre'!*", e o beijou. Jesus, porém, lhe disse: "*Amigo, para que vieste?*" Aqui há algumas importantes considerações a serem feitas.

O beijo de Judas indica que Cristo era amável demais. Embora estivesse traindo seu mestre, embora o conhecesse pouco, Judas o conhecia o suficiente para saber que ele era amável, dócil e tranquilo. Sabia que não seria necessário o uso de nenhuma agressividade, nenhuma emboscada ou armadilha para prendê-lo. Um beijo seria suficiente para que Cristo fosse reconhecido e preso naquela noite escura no jardim do Getsêmani.

Qualquer pessoa traída tem reações de ódio e de agressividade. Por isso, para traí-la e prendê-la são necessários métodos agressivos de segurança e contenção. Entretanto, Cristo era diferente. Como Judas sabia que ele não reagiria, que não usaria qualquer violência e muito menos fugiria daquela situação, bastava um beijo. Em toda a história da humanidade, nunca alguém, por ser tão amável, foi traído de maneira tão suave!

Cristo sabia que Judas o trairia e o estava aguardando. Quando Judas chegou, Cristo, por incrível que pareça, não o criticou nem se irritou com ele. Teve uma reação totalmente diferente do nosso padrão de inteligência. O normal seria ofender o agressor com palavras e gestos ou emudecer diante do medo de ser preso. Porém, Cristo não reagiu dessa forma. Teve a coragem e o desprendimento de chamar seu traidor de amigo e a gentileza de levá-lo a se interiorizar e a repensar sua atitude. Perdemos com facilidade a paciência com as pessoas, mesmo com aquelas que mais amamos. Dificilmente agimos com gentileza e tranquilidade quando alguém nos aborrece e nos irrita, ainda que seja nosso filho, aluno, amigo ou colega de trabalho. Desistimos facilmente daqueles que nos frustram, nos decepcionam.

Judas desistiu de Cristo, mas Cristo não desistiu de Judas. Deu-lhe até o último minuto uma preciosa oportunidade para que ele reescrevesse sua história.

Que amor é esse que irrigava a emoção de Cristo com mananciais de tranquilidade num ambiente desesperador? Que amor é esse que o conduzia, mesmo no ápice da sua frustração, a chamar seu traidor de amigo e a estimulá-lo a revisar a sua vida? Nunca, na história, um traidor foi tratado de maneira tão amável e elegante! Nunca o amor chegou a patamares tão elevados e sublimes.

Metas tão ousadas para uma humanidade tão limitada

Cristo falava de um amor estonteante. Um amor que irriga o sentido da vida e o prazer da existência. Um amor que se doa, que vence o medo, que supera as perdas, que transcende as dores, que perdoa.

Ele vivenciou essa história de amor. O amor aplainava suas veredas, fazia-o sentir-se satisfeito, sereno, tranquilo, seguro, estável, em detrimento dos longos e dramáticos invernos existenciais que vivia.

A uns ele dizia "não choreis", a outros, "não temais", e ainda a outros, "tende bom ânimo". Estava sempre animando, consolando, compreendendo, envolvendo as pessoas e encorajando-as a superar seus temores, desesperos, fragilidades, ansiedades. Cristo demonstrou uma disposição impensável de amar, mesmo no ápice da dor.

Suas palavras e atitudes são como um sonho para as sociedades modernas que mal conseguem escalar alguns degraus da cidadania e do humanismo. Se transportarmos o pensamento de Cristo para a atualidade, podemos inferir que ele queria construir na espécie humana uma esfera tão rica afetivamente que o ser humano deixaria de ser um mero nome, uma "conta bancária", um "título acadêmico", um "número de identidade", e passaria a ser uma pessoa insubstituível, singular e verdadeiramente amada.

Somente o amor torna as pessoas insubstituíveis, especiais, ainda que não tenham status social ou cometam erros e experimentem fracassos ao longo da vida.

Qualquer mestre deseja que seus discípulos se tornem sábios, tolerantes, criativos e inteligentes. A bela Academia de Platão tinha no máximo essas exigências. As teorias educacionais e psicopedagógicas de hoje têm uma exigência menor ainda, pois não incluem a conquista da tolerância e da sabedoria na sua pauta. Nem o inteligente Piaget colocou tais metas em sua pauta intelectual. Contudo, Cristo foi muito mais longe do que a Academia de Platão e as metas educacionais da modernidade.

Os que seguiam o Mestre dos Mestres tinham que aprender a não apenas destilar sabedoria nos invernos da vida, percorrer as avenidas da tolerância e expandir a arte de pensar, mas também aprender a mais nobre de todas as artes, a arte de amar. Ninguém teve metas tão elevadas para uma humanidade tão limitada...

CAPÍTULO 13

Introduzindo as funções mais importantes da inteligência

Reciclando a competência predatória

As metas de Cristo não poderiam ser cumpridas se houvesse um clima de competição predatória e de individualismo entre seus discípulos. A existência desse clima destruiria completamente a construção da história de amor, da unidade, da sabedoria, da solidariedade que ele propunha. Como Cristo poderia transformar intrinsecamente o ser humano, se a tendência natural deste é se colocar acima dos outros e querer que o mundo gire primeiramente em torno das suas próprias necessidades? Reverter esse quadro era um dos maiores e mais difíceis desafios de Cristo.

O pensamento do mestre vira de cabeça para baixo os paradigmas do mundo moderno. Nele não há espaço para a competição predatória. No seu projeto, o individualismo é uma atitude pouco inteligente. Ele estabelece avenidas de um modelo inovador de relacionamento. Entre seus princípios fundamentais estão aprender a cooperar mutuamente e aprender a se doar sem esperar retorno.

O capitalismo se alimenta da competição. Sem esse processo,

o capitalismo estaria morto. A competição estimula o desempenho intelectual e melhora a qualidade de produtos e serviços. Todavia, quando é predatória, ou seja, quando considera as metas a serem atingidas mais importantes do que o processo utilizado para atingi-las, torna-se desumana e destrutiva. A competição predatória anula os valores altruístas da inteligência, anula a humanidade dos competidores.

Na escola de Cristo não se admite qualquer tipo de competição destrutiva, que anule ou prejudique o outro. Existe uma competição totalmente diferente da que estamos acostumados, uma competição saudável e sublime, ou seja, uma competição para servir os outros, para promover o bem-estar deles, para honrá-los, para cooperar mutuamente, para ser solidário. Podemos dizer que a escola da existência de Cristo é tão admirável que seus princípios são os de uma anticompetição, onde imperam a preservação da unidade e a promoção do crescimento mútuo.

Cristo não eliminava a busca de metas pessoais, a conquista de uma recompensa mais elevada. Ele evidenciava que havia uma recompensa superior para aqueles que atingissem a maturidade interior. As metas continuam existindo, porém os processos para atingi-las são contrários ao que aprendemos.

Aquele que quer ser o maior tem que se fazer menor. Aquele que quer ser grande deve ser o que mais serve. Aquele que quer ter posição privilegiada deve ser o que mais valoriza e honra as pessoas desprezadas. Onde vemos um modelo social como este? Nem os socialistas, no ápice de seus pensamentos, sonharam com uma sociedade tão solidária.

O ser humano ama ser servido e reconhecido pelos outros. Ama estar acima dos seus pares, aprecia o brilho social. Alguns usam até a prática do "coitadismo" para ter privilégios. Usam a humildade como pretexto, ainda que inconsciente, para que as pessoas gravitem em torno deles pela miséria ou dó que inspiram. A prática do "coitadismo" engessa a inteligência. E, quando presente nos pacientes com transtornos psíquicos, dificulta até a cura de doenças totalmente tratáveis. Por isso, costumo dizer que o grande problema não é a doença do doente, mas o doente da doença, ou seja, a atitude frágil do "eu" diante das doenças psíquicas.

Cristo era contra a prática do "coitadismo". Rejeitava até mesmo qualquer tipo de sentimento de dó que as pessoas tivessem em relação a ele (*João 18:11*). Sua humildade e sua simplicidade eram conscientes. Ele não queria formar homens dignos de dó, mas homens lúcidos, seguros e coerentes (*Lucas 21:15*).

O mestre alarma seus discípulos com procedimentos impensáveis

Cristo agia como um arquiteto de novas relações sociais. Não apenas a solidariedade, a capacidade de se doar, de cooperar mutuamente, de considerar as necessidades do outro deveriam regular as relações humanas, mas também os sentimentos mais nobres da tolerância deveriam regulá-las e até embriagá-las. A tolerância é uma das características mais sofisticadas e difíceis de serem incorporadas na personalidade.

É mais fácil adquirir cultura do que aprender a ser tolerante. Uma pessoa tolerante é compreensiva, aberta e paciente. Já a intolerante é rígida, implacável, tanto com os outros como consigo mesma. É prazeroso conviver com uma pessoa tolerante, mas é angustiante conviver com uma pessoa rígida e excessivamente crítica.

No projeto de Cristo, as funções sociais são mantidas. Os políticos, os empresários, os intelectuais, os trabalhadores continuam desenvolvendo suas atividades profissionais. Apesar da preservação das atividades sociais, todos deveriam aprender a despojar-se da necessidade de estar uns acima dos outros, todos deveriam aprender a exercer a cidadania e a solidariedade em seus amplos aspectos. As mudanças que ele propõe são de dentro para fora. Cristo indicava claramente que qualquer mudança exterior sem uma reorganização interior é mera maquiagem social (*Mateus 23:26-27*).

O objetivo dele não era reformar a religião judaica. Seu projeto era muito mais ambicioso. Cristo desejava causar uma profunda transformação no cerne da alma humana, uma profunda mudança na maneira de o homem pensar o mundo e a si mesmo. Como Cristo poderia ensinar lições tão refinadas àquele grupo rude, inculto e intempestivo de jovens galileus? Como poderia ter êxito nessa empreitada se, passados tantos séculos, nós, que vivemos em sociedades tão aculturadas, saturadas de universidades e informações, não escalamos os primeiros degraus dessa jornada? É possível falar por anos a fio sobre solidariedade, cidadania, amor ao próximo, capacidade de se doar e, ainda assim, gerar pessoas individualistas, incapazes de se colocarem no lugar do outro. Vejamos como esse mestre sofisticado agiu.

Certa vez, todos os seus discípulos estavam reunidos, conversando. O ambiente parecia normal. Nada de estranho pairava no ar. Então, de repente, Cristo teve mais uma atitude que deixou todos os seus discípulos perplexos. Convém dizer que o fato que relatarei ocorreu no final da sua vida, e que ele tinha consciência de que sua morte se aproximava. Então, precisava treinar os seus discípulos para aprenderem as mais profundas lições da existência.

Àquela altura, Cristo era profundamente exaltado e admirado pelos discípulos. Toda pessoa superadmirada fica muito distante daqueles que a exaltam. Ele tinha grande popularidade, as multidões o seguiam atônitas. Os discípulos, por sua vez, estavam extasiados por seguir um homem tão poderoso, a quem conferiam nada menos que o status de Deus. Os imperadores romanos queriam desesperadamente um pouco desse status e, para tanto, usavam a violência. Cristo adquiriu esse status espontaneamente. Seus discípulos o consideravam tão grande que para eles Cristo estava nos "céus" e eles estavam aqui na terra como simples aprendizes, servos.

Diante disso, chegou o momento de esse mestre intrigante dar-lhes uma lição inesquecível. Quando todos o colocavam nas alturas, inatingível, ele subitamente se inclinou em silêncio, chegando ao nível dos pés dos seus discípulos. Tomou calmamente uma toalha, colocou-a sobre os ombros, pegou uma bacia de água e, sem dizer palavra alguma, começou a lavar os pés deles (*João 13:4-5*). Que cena impressionante! Que coragem e despojamento!

Nunca houve quem, sendo considerado tão grande, se fizesse tão pequeno. Nunca ninguém com o indescritível status de Deus fez um gesto tão humilde e singelo! Nunca o silêncio foi tão eloquente... Todos os discípulos ficaram perplexos com aquela atitude.

Em Roma, os imperadores queriam que os súditos se prostrassem aos seus pés e os considerassem divinos. Em Jerusalém havia alguém que foi reconhecido como "Deus", mas, ao invés de exigir que os discípulos se prostrassem aos seus pés, ele prostrou-se aos pés deles. Que contraste! Não são apenas as palavras de Cristo que não têm precedente histórico, mas também seus gestos.

Na sua época, os calçados não eram fechados, a higiene era pouca e o pó intenso, pois não havia calçamento nas ruas. A grossa camada de sujeira dos pés daqueles pescadores não constituía problema para alguém que conhecia a arte da humildade no seu patamar mais sublime. Cristo tinha uma coragem incomum tanto para vencer o medo e a dor como para ser humilde e envolver as pessoas.

Imagine um grande empresário tendo uma atitude como essa diante dos seus empregados. Imagine um juiz lavando os pés de um réu ou um reitor de uma universidade com uma toalha nos ombros procurando os calouros da sua escola, ainda inibidos com o novo ambiente, para lavar seus pés. É difícil imaginar. Os gestos de Cristo são impensáveis, surpreendentes.

Pedro ficou tão perplexo que quis impedir-lhe o gesto. Não compreendeu nem suportou a humildade do mestre. Há pouco tempo o próprio Pedro o havia reconhecido como o filho do Deus vivo que era "um com o Pai". Ele poderia indagar: como pode alguém que considerei como Deus infinito lavar os pés de um pequeno homem finito? Cristo abalou os alicerces da sua mente. E, sem dizer nada, fez Pedro e seus amigos repensarem profundamente suas histórias de vida. Pedro estava tão atônito que disse que era ele quem deveria lavar os pés de Cristo. Todavia, Cristo foi incisivo, dizendo que, se não lavasse os pés de Pedro, este não teria parte com ele.

Os discípulos de Cristo não tinham prestígio social. Eram o que havia de pior em termos de cultura e educação na época. Apesar da desqualificação sociocultural, ele honrou e cuidou intensamente desses galileus.

Cristo teve o desprendimento de lavar os pés dos seus discípulos. Só uma mãe é capaz de um gesto tão amável e espontâneo. Com essa atitude eloquente, ele economizou milhões de palavras e se notabilizou não apenas como um mestre inteligente e sofisticado, mas como o "Mestre dos Mestres" da bela e imprevisível existência humana. Silenciosamente, vacinou os seus discípulos contra a ditadura do preconceito, contra qualquer forma de discriminação, bem como contra a competição predatória, o individualismo e a paranoia compulsiva de ser o número um, que é um dos fenômenos psicossociais mais comuns e doentios da sociedade moderna. Tal paranoia, em vez de contribuir com a eficiência intelectual, pode tanto abortar a criatividade como gerar uma contração do prazer pela existência. É possível ser o número dois, cinco ou dez com dignidade em qualquer atividade social e profissional. É possível até o ser humano se despreocupar com qualquer tipo de classificação e exercer com naturalidade as suas atividades dentro das próprias limitações que cada um possui. É possível, em algumas esferas, ir ainda mais longe, ou seja, colocar as metas coletivas acima das individuais. Esse era o ardente desejo de Cristo.

Abrindo as janelas da mente dos seus discípulos

Os discípulos também viviam sob a paranoia de ser o número um. Não muito tempo antes de Cristo dar-lhes essa profunda lição, eles disputavam para ver quem seria o maior entre eles (*Marcos 9:34*). Tiago e João, por intermédio da sua mãe, chegaram até a fazer um pedido ousado ao mestre: que um se assentasse à direita e o outro à esquerda quando ele estivesse em seu reino, que inicialmente pensavam se tratar de um reino político (*Marcos 10:35-38*). Com seu gesto chocante, o mestre penetrou nas entranhas dos seus seres e os vacinou com exímia inteligência contra as raízes mais íntimas da competição predatória. Ao descer ao nível dos pés dos seus seguidores, ele golpeou profundamente o orgulho e a arrogância de cada um deles.

Os pés são condutores da trajetória existencial. Cristo queria expressar que nessa sinuosa e turbulenta trajetória de vida os seres humanos deveriam lavar os pés uns dos outros, ou seja, deveriam cooperar, ser tolerantes, perdoar, suportar, cuidar, proteger e servir uns aos outros. São lições profundas e dificílimas de serem aprendidas.

Após lavar os pés dos discípulos, Cristo rompeu seu silêncio e começou a exteriorizar suas intenções. Não precisava falar muito, pois com seu gesto surpreendente já havia falado quase tudo. Fez críticas contundentes ao superficialismo das relações sociais e políticas e declarou que, ao contrário do que pensavam, aquele que desejasse ser o maior entre eles teria de se fazer menor do que os outros, teria de aprender a servir (*João 13:1-17*). Se ele como mestre se despojava da sua posição e os servia, eles, que eram seus discípulos, deveriam fazer o mesmo uns aos outros.

A hierarquia proposta por Cristo era, na realidade, uma anti-hierarquia, uma apologia à tolerância, à solidariedade, a metas coletivas, à cooperação e à integração social. O maior é aquele que mais serve, que mais honra, que mais se preocupa com os outros.

Em qualquer ambiente social, o maior recebe mais honra, mais privilégios, mais atenção do que o menor. Todos focalizam as pessoas proeminentes. A estética vale mais do que o conteúdo. O "espirro" intelectual de um grande político, de um empresário, de um artista famoso, de um chefe de departamento de uma universidade causa mais impacto do que os brilhantes pensamentos de uma pessoa sem expressão social. Porém, as características da escola de Cristo são tão ímpares que chocam o mundo moderno. Chocam tanto o capitalismo como o socialismo.

Qualquer pessoa – até mesmo os cientistas – que tentar estudar a inteligência de Cristo ficará intrigada e ao mesmo tempo encantada com os paradoxos que a cercam.

Como é possível alguém que teve uma simples profissão de carpinteiro, que precisava entalhar madeira para poder sobreviver, ser colocado como autor da existência, como arquiteto do universo! O registro de João 1 diz que *"tudo foi feito nele e para ele e sem ele nada do que foi feito se fez..."* (*João 1:3*).

Como pode alguém dizer que tem o segredo da eternidade e se humilhar a ponto de lavar os pés de simples pescadores galileus que não tinham qualquer qualificação social ou intelectual?

Como pode alguém que superava todo tipo de medo, que era tão corajoso e inteligente, ter se permitido passar pelo caos indescritível da cruz, pela lenta desidratação, pela dor e pela exaustão física e psicológica gerada por ela?

A história de Cristo é admirável.

O audacioso projeto transcendental

Não devemos pensar que Cristo estava produzindo um grupo de pessoas frágeis e despersonalizadas. Pelo contrário, ele, por meio dos seus princípios inteligentes e incomuns, estava transformando aquele grupo de incultos galileus na mais fina estirpe de líderes. Líderes que não tivessem a necessidade de que o mundo gravitasse em torno deles, que se vacinassem contra a competição predatória e contra as raízes do individualismo. Líderes que tivessem mais prazer em servir do que em serem servidos, que aprendessem a se doar sem esperar a contrapartida do retorno, que estimulassem a inteligência uns dos outros e abrissem as janelas do espírito humano. Líderes que não fossem controlados pela ditadura do preconceito, que fossem abertos e inclusivos. Líderes que soubessem se esvaziar, que se colocassem como aprendizes diante da vida e que se prevenissem contra a autossuficiência. Líderes que assumissem suas limitações, que enfrentassem seus medos, que encarassem seus problemas como um desafio. Líderes que fossem fiéis à sua consciência, que aprendessem a ser tolerantes e solidários. Líderes que fossem engenheiros de ideias, que soubessem trabalhar em equipe, que expandissem a arte de pensar e fossem coerentes. Líderes que trabalhassem com dignidade seus invernos existenciais e destilassem a sabedoria do caos, que vissem suas dores e dificuldades como uma oportunidade de serem transformados interiormente. Líderes que, acima de tudo, se amassem mutuamente, que tivessem uma emoção saturada de prazer e vivessem a vida com grande significado existencial.

As palavras são pobres para retratar a complexidade e a ousadia sem precedentes tanto da inteligência como do propósito transcendental de Cristo. Os textos das suas biografias são claros: ele não queria melhorar ou reformar o ser humano, mas produzir um novo ser humano...

Não há uma equipe de recursos humanos, uma teoria educacional, uma teoria psicológica, uma escola de pensamento filosófico ou uma universidade que tenha a abrangência e a complexidade da escola da existência de Cristo. Ele tinha uma paixão indescritível pela espécie humana.

Os professores desistem com facilidade dos seus alunos rebeldes. Os pais desanimam ante seus filhos problemáticos. Os executivos excluem funcionários que não se enquadram em sua filosofia de trabalho. Enfim, nos afastamos das pessoas que frustram nossas expectativas, que nos causam sofrimento. Porém, o comportamento de Cristo era diferente. As pessoas podiam negá-lo, como Pedro, traí-lo por trinta moedas de prata, como Judas, rejeitá-lo, feri-lo, desistir dele e só se preocuparem com as próprias necessidades materiais e com sua imagem social, porém ele nunca desistia, desprezava ou excluía ninguém...

Seu amor era incondicional. Sua motivação para abrir as janelas da mente e do espírito humano era forte e sólida e ia muito além da motivação proferida pelos conferencistas da área de recursos humanos da atualidade. Sua esperança na transformação do outro, independentemente de quem fosse, era arrebatadora e rompia com a lógica... Ele desejava colocar todo ser humano numa academia de inteligência, numa escola de sábios e de líderes.

As complexas características da personalidade de Cristo evidenciam claramente que ela não poderia ser construída pela criatividade intelectual humana. A inteligência de Cristo ultrapassa os limites de nossa imaginação. O mundo para na comemoração de seu nascimento no final de dezembro, mas a maioria das pessoas não tem consciência de como ele foi uma pessoa magnífica e surpreendente...

Mesmo que Cristo não tivesse feito nenhum milagre, os seus gestos e pensamentos foram tão eloquentes e surpreendentes que, ainda assim, ele teria dividido a história... Depois que ele passou por essa sinuosa e turbulenta existência, a humanidade nunca mais foi a mesma. Se o mundo político, social e educacional tivesse vivido minimamente o que Cristo viveu e ensinou, nossas misérias teriam sido extirpadas, e teríamos sido uma espécie mais feliz...

Foram utilizadas as seguintes versões dos evangelhos: a Bíblia de Jerusalém, João Ferreira de Almeida, King James e Recovery Version.

CONHEÇA OUTROS TÍTULOS DA COLEÇÃO ANÁLISE DA INTELIGÊNCIA DE CRISTO

O Mestre da Sensibilidade

Em *O Mestre da Sensibilidade,* segundo livro da coleção Análise da Inteligência de Cristo, Augusto Cury apresenta um estudo sobre as emoções de Jesus e explica como ele foi capaz de suportar as maiores provações em nome da fé.

Jesus demonstrou ser um grande mestre na escola da vida diante das angústias que antecederam sua morte, como a traição de Judas, a falta de apoio dos discípulos e a consciência do cálice que iria beber.

O sofrimento, em vez de abatê-lo, expandiu sua inteligência. Através de sua história, Jesus provou que é possível encarar a dor com sabedoria. Apesar de ter todos os motivos para desistir de seu chamado e tornar-se uma pessoa fechada e agressiva, tornou-se um ícone de celebração à alegria, à liberdade e à esperança.

O exemplo de Jesus nos ajuda a melhorar a qualidade de vida e a prevenir doenças psíquicas como a depressão, a ansiedade e o estresse. Analisar seu brilhante comportamento acende as luzes de nossa consciência e nos torna pessoas mais abertas para as infinitas maravilhas da existência.

O Mestre da Vida

Jesus Cristo dedicou seus dias a nos mostrar o caminho da sabedoria e, mesmo no auge da dor física e psicológica, foi capaz de transmitir lições de fé, de amor, de superação e de humildade.

Em *O Mestre da Vida*, terceiro volume da coleção Análise da Inteligência de Cristo, Augusto Cury decifra as profundas mensagens deixadas por Jesus desde a sua prisão e o seu julgamento até a sua condenação à morte na cruz.

Lançando uma nova luz sobre as passagens mais comoventes da Bíblia, Cury nos faz redescobrir esse grande personagem que foi o divisor de águas da história da humanidade. Ele não usava armas nem tinha um exército atrás de si. Sua única arma eram suas palavras e atitudes. Quando falava, arrastava multidões, incendiava corações e destruía preconceitos.

As histórias que você encontrará aqui ensinam que não devemos ter medo de viver, que só nos tornamos verdadeiramente livres quando somos fiéis às nossas e que precisamos ter fé e esperança para superar os momentos difíceis de nossa existência.

O Mestre do Amor

Este livro conta uma história de amor: amor pela vida, pela humanidade, por suas falhas e superações. Apenas uma pessoa foi capaz de levar esse sentimento às últimas consequências e, em nome dele, entregar-se à morte.

Em *O Mestre do Amor*, quarto livro da coleção Análise da Inteligência de Cristo, Augusto Cury investiga a paixão que Jesus nutria pelo ser humano. Com uma abordagem poética – embora baseada na ciência, na história e na psicologia –, o autor faz um estudo das tocantes mensagens que Jesus deixou antes de morrer na cruz.

Jesus sabia que o sofrimento fazia parte de seu destino e que precisava dele para completar sua missão. Refletindo sobre essas reações tão generosas, descobrimos quanto as nossas atitudes podem ser egoístas e percebemos nossa tendência a superdimensionar os problemas, deixando de ver as valiosas lições que eles nos trazem.

Jesus Cristo foi um homem como qualquer outro: sofreu, chorou e viveu momentos de extrema ansiedade. Apesar disso, foi perfeito na capacidade de perdoar, respeitar, compreender, ter misericórdia e dignidade. Mas, principalmente, foi brilhante na habilidade de amar, de ser líder do seu próprio mundo e de suas emoções.

CONHEÇA OS LIVROS DE AUGUSTO CURY

SÉRIE: O homem mais inteligente da história
O homem mais inteligente da história
O homem mais feliz da história
O maior líder da história
O médico da emoção

COLEÇÃO: Análise da Inteligência de Cristo
O Mestre dos Mestres
O Mestre da Sensibilidade
O Mestre da Vida
O Mestre do Amor
O Mestre Inesquecível

Os segredos do Pai-Nosso
A sabedoria nossa de cada dia
Dez leis para ser feliz
Inteligência socioemocional
Nunca desista de seus sonhos
O código da inteligência
Pais brilhantes, professores fascinantes
Revolucione sua qualidade de vida
Seja líder de si mesmo
Você é insubstituível
A ditadura da beleza e a revolução das mulheres
Armadilhas da mente
O futuro da humanidade

Para saber mais sobre os títulos e autores da Editora Sextante,
visite o nosso site e siga as nossas redes sociais.
Além de informações sobre os próximos lançamentos,
você terá acesso a conteúdos exclusivos
e poderá participar de promoções e sorteios

CONHEÇA ALGUNS DESTAQUES DE NOSSO CATÁLOGO

- Augusto Cury: Você é insubstituível (2,8 milhões de livros vendidos), Nunca desista de seus sonhos (2,7 milhões de livros vendidos) e O médico da emoção
- Dale Carnegie: Como fazer amigos e influenciar pessoas (16 milhões de livros vendidos) e Como evitar preocupações e começar a viver
- Brené Brown: A coragem de ser imperfeito – Como aceitar a própria vulnerabilidade e vencer a vergonha (600 mil livros vendidos)
- T. Harv Eker: Os segredos da mente milionária (2 milhões de livros vendidos)
- Gustavo Cerbasi: Casais inteligentes enriquecem juntos (1,2 milhão de livros vendidos) e Como organizar sua vida financeira
- Greg McKeown: Essencialismo – A disciplinada busca por menos (400 mil livros vendidos) e Sem esforço – Torne mais fácil o que é mais importante
- Haemin Sunim: As coisas que você só vê quando desacelera (450 mil livros vendidos) e Amor pelas coisas imperfeitas
- Ana Claudia Quintana Arantes: A morte é um dia que vale a pena viver (400 mil livros vendidos) e Pra vida toda valer a pena viver
- Ichiro Kishimi e Fumitake Koga: A coragem de não agradar – Como se libertar da opinião dos outros (200 mil livros vendidos)
- Simon Sinek: Comece pelo porquê (200 mil livros vendidos) e O jogo infinito
- Robert B. Cialdini: As armas da persuasão (350 mil livros vendidos)
- Eckhart Tolle: O poder do agora (1,2 milhão de livros vendidos)
- Edith Eva Eger: A bailarina de Auschwitz (600 mil livros vendidos)
- Cristina Núñez Pereira e Rafael R. Valcárcel: Emocionário – Um guia lúdico para lidar com as emoções (800 mil livros vendidos)
- Nizan Guanaes e Arthur Guerra: Você aguenta ser feliz? – Como cuidar da saúde mental e física para ter qualidade de vida
- Suhas Kshirsagar: Mude seus horários, mude sua vida – Como usar o relógio biológico para perder peso, reduzir o estresse e ter mais saúde e energia

sextante.com.br